心一堂彭措佛緣叢書・索達吉堪布仁波切譯著文集

文殊占筮法
觀音占卜法明鏡論

麥彭仁波切　等著
索達吉堪布仁波切　漢譯

書名：文殊占筮法　觀音占卜法明鏡論
系列：心一堂彭措佛緣叢書•索達吉堪布仁波切譯著文集
作者：麥彭仁波切　等著
譯者：索達吉堪布仁波切
責任編輯：陳劍聰

出版：心一堂有限公司
地址/門市：香港九龍尖沙咀東麼地道六十三號好時中心LG六十一室
電話號碼：(852)2781-3722 (852)6715-0840
傳真號碼：(852)2214-8777
網址：www.sunyata.cc
電郵：sunyatabook@gmail.com
心一堂 彭措佛緣叢書論壇：　http://bbs.sunyata.cc
心一堂 彭措佛緣閣：　http://buddhism.sunyata.cc
網上書店：　http://book.sunyata.cc

香港及海外發行：香港聯合書刊物流有限公司
香港新界大埔汀麗路36號中華商務印刷大廈3樓
電話號碼：(852)2150-2100
傳真號碼：(852)2407-3062
電郵：info@suplogistics.com.hk

台灣發行：秀威資訊科技股份有限公司
地址：台灣台北市內湖區瑞光路七十六巷六十五號一樓
電話號碼：(886)2796-3638
傳真號碼：(886)2796-1377
網絡書店：www.govbooks.com.tw
經銷：易可數位行銷股份有限公司
地址：台灣新北市新店區寶橋路235巷6弄3號5樓
電話號碼：(886)8911-0825
傳真號碼：(886)8911-0801
網址：http://ecorebooks.pixnet.net/blog

中國大陸發行•零售：心一堂•彭措佛緣閣
深圳流通處：中國深圳羅湖立新路六號東門博雅負一層零零八號
電話號碼：(86)755-82224934
北京流通處：中國北京東城區雍和宮大街四十號
心一堂官方淘寶流通處：http://shop35178535.taobao.com/

版次：二零一三年九月初版，平裝

定價：　港民幣　八十八元正
　　　　新台幣　二百九十八元正

國際書號 ISBN 978-988-8266-29-6

目　錄

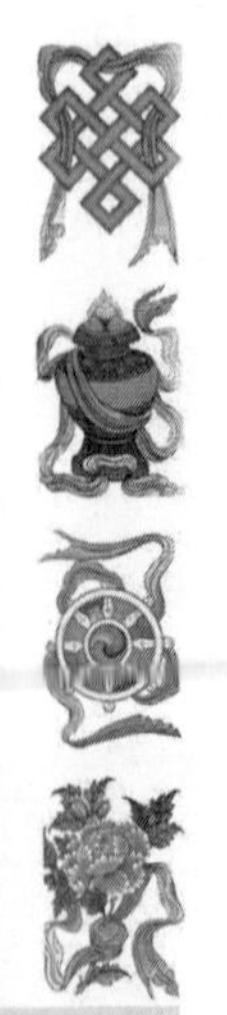

目錄

前　言

大千世界森羅萬象，宇宙變幻撲朔迷離，人生際遇詭秘莫測。命運的忽然變故，常常使人們措手不及、無力應對。甚至有人僅僅因爲一些風吹草動就嚇得草木皆兵、杯弓蛇影、臥不安席、誠惶誠恐，嚴重影響了正常的生活與學習。面對紛繁複雜的世界，無法主宰的命運，許多人陷入了迷惘的深淵，極其渴望能尋找到可靠的請教對境，獲得不謬的啓示，從而絕處逢生。古老的占卜術也由此應運而生。

占卜術作爲民族文化園林中的一枝奇葩，有著深奧、奇特與神秘的特徵。無論是佛教還是世間正規的占卜術，都是諸佛菩薩與前輩聖賢智慧的結晶。不但涉獵面極廣，而且其準確性也常常令崇尚唯物的科學研究者們深爲驚歎。

比如諸多佛經中對未來精確的授記，歷世的達賴喇嘛、班禪喇嘛、噶瑪巴活佛等預言自己下一世出生、事業等的超人能力，唐朝國師一行禪師在《達摩一掌經》中神乎其神的種種剖析等等。

然而不可否認，正如世間也有大量的假冒僞劣品充斥市場，給市場的正常運作帶來了難以彌補的後遺症。占卜術又豈能逃避贋品的襲擊？千百年來，許多別有用心者，僅僅對占卜術略知一二，就打著佛教的旗號，借占卜術生財，甚而將一些荒誕不經的幻想與猜測也納入其中，給世人留下了這些是迷信、邪術，是巫祝之誣詞妄語的印象。甚至一些佛教徒也將其視爲洪水猛獸，避之唯恐不及。

作爲智者，評價任何事物都應抱著公正合理、一分爲二的原則。不能因其主觀或客觀因素所造成的一些弊病而以一眚掩大德。

在佛法興盛的雪域，上至功勛卓著的大法王，下至目不識丁的牧童，很多人都有自己精通的一門占卜術。很多大德在抉擇弘法利生等重大事宜時，也常常以打卦觀察緣起。占卜術與普通百姓的生活更是休戚相關，涉及到世出世間的每一個角落，是人們日常生活中不可或缺的助伴。

藏地的占卜術有著極爲悠久的歷史，留下了浩如煙海的相關著作，大概可分爲三種門派：一種是民間傳統的卜卦方式，它根據古人總結出的各種經驗，如觀察眼跳、耳鳴、耳熱、肌肉顫動、打噴嚏、摔碗、火星的噴射狀況、狗吠、喜鵲的鳴叫等等，預測結果往往十分準確，在藏地流傳很廣。

另一種是苯波教的占卜方式，也被諸多人士所推崇，麥彭仁波切曾撰寫了長達 600 多頁的著作，專門對其進行介紹，於此恐繁不贅。

還有一種則是佛教的占卜方式，即諸佛菩

薩化身的成就者們因悲愍眾生，而以對世間種種因緣洞若觀火的無漏智慧、出世間的無礙神通，洞悉世人所不能觀察的種種因緣，所賜予的金剛語。為我們揭示了因果之間的諸多奧妙，實乃度化眾生不可多得的善巧方便。如觀音菩薩、吉祥天女、馬頭明王、單堅、格薩爾等本尊、護法的占卜法，在《六字真言——取捨明鏡》、《六字定勝真實明鏡》、《馬頭明王密修珠卦法》、《阿底峽夢現卦法》等論著中對此有詳細的明示。

而其中被公認為最具權威，而且流傳最廣的，當數麥彭仁波切與法王松贊干布的占卜法。

此兩種占卜法無需傳承，簡便易行，只要發心清淨，對三寶有至誠的信心，就會得到明確的宣示，為我們判斷事態、取捨行止提供有力的參考依據。

漢地乃鐘靈毓秀之地，各類術數的歷史可謂源遠流長，相關著述也是汗牛充棟。如現已失傳的夏《連山》、商《歸藏》，以及現今在海內外有較大影響之《周易》。另外，集占卜、測字、相術、風水等方術於一體的《玉匣記》，在漢地也流傳甚廣。數不勝數的方術通過種種方式排演推算出人世間的千變萬化，其結果也屢屢應驗。據說當年文成公主進入西藏，也帶來了大量五行占卜、風水、擇日等術數方面的著作。

也許是我孤陋寡聞的緣故吧，市場上出現

的諸多占卜法往往提供的是一個鐵定的結局，如果占卜結果不利也難有逆轉之力，無法改變當事人的窘況。而這兩種占卜法不僅有預測之功效，也爲我們提供了化解之良方。即並非讓卜卦者消極地聽天由命，任憑命運的宰割，而是以各種積極的方式臨機應變，製造及改變因緣，以達到避凶趨吉的目的。所以，我認爲有必要將之推薦給同道們。

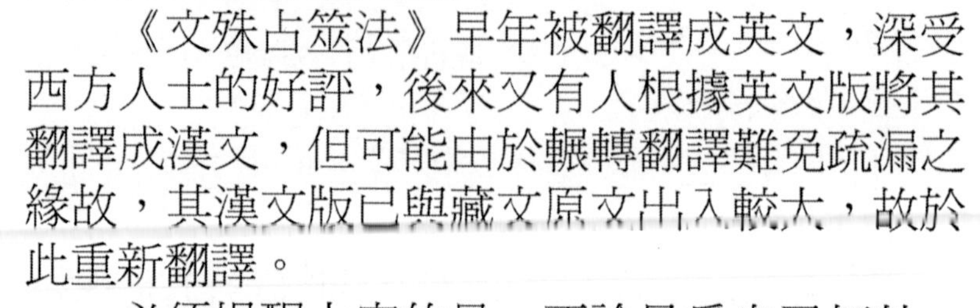

《文殊占筮法》早年被翻譯成英文，深受西方人士的好評，後來又有人根據英文版將其翻譯成漢文，但可能由於輾轉翻譯難免疏漏之緣故，其漢文版已與藏文原文出入較大，故於此重新翻譯。

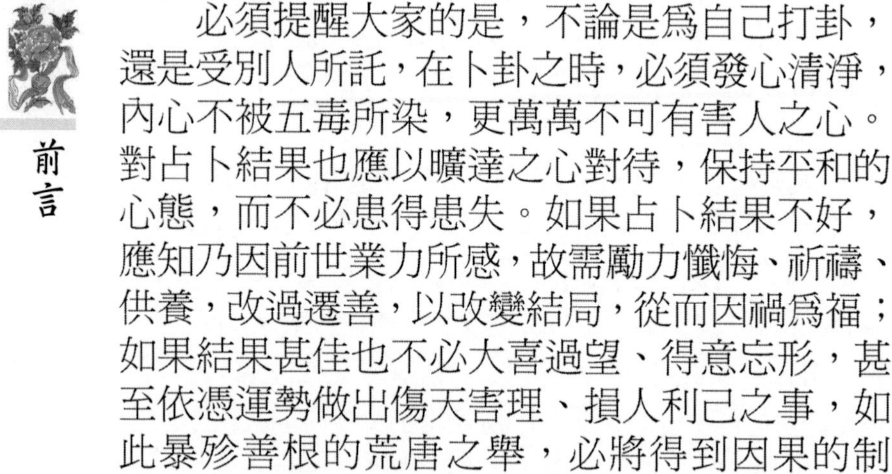

必須提醒大家的是，不論是爲自己打卦，還是受別人所託，在卜卦之時，必須發心清淨，內心不被五毒所染，更萬萬不可有害人之心。對占卜結果也應以曠達之心對待，保持平和的心態，而不必患得患失。如果占卜結果不好，應知乃因前世業力所感，故需勵力懺悔、祈禱、供養，改過遷善，以改變結局，從而因禍爲福；如果結果甚佳也不必大喜過望、得意忘形，甚至依憑運勢做出傷天害理、損人利己之事，如此暴殄善根的荒唐之舉，必將得到因果的制裁；如果占卜結果似是而非，需知事在人爲，如果力爲順緣，則一切善業終必有果，絕不會空耗，對事態的發展絕對會有所裨益。希望大家能從中得到一些啓示，並善加利用，使之成

爲成辦今生來世暫時究竟快樂之有利助緣。

然而，如同飲食良藥，使用不當，也會反益爲害，以致後患無窮。若淺慧之人尚未了達佛法之精髓，以此爲佛法之本質，放棄正常的聞思修行，整日以打卦、求籤度日，還自以爲是度化眾生，則爲背本逐末、買櫝還珠之愚癡行爲，必將蹉跎自誤，浪費難得之暇滿人生。

若一些好逸惡勞、貪歡逐樂之徒，妄圖以此爲生財求榮之道，投機取巧，牟取暴利。甚至膽大妄爲，欺騙信眾，作出卑鄙齷齪的勾當。則必招其損，終將追悔莫及。

望三思！！

一番喋喋不休，殷重地希望諸位能明白我的一片深意。我於此馨香禱祝，願此占卜法能真正有利於迷茫之眾生，使他們能從中找到明確的指點，遣除疑惑，取得定解。並以此爲契機，從而獲得正法的光明珍寶！

二〇〇三年四月二十三日
書於春燕報喜聲中

占卜方法

一、觀想及念誦

文殊占筮法儀軌

首先觀想前方虛空當中，蓮花月墊之上，文殊菩薩呈圓滿報身裝飾，雙足結跏趺坐式，身色紅黃，一面二臂，右手持寶劍，左手拈烏巴拉花，花蕊之上爲般若經函。並了知彼等一切顯現均如水月般現而無自性。

如此明觀後，誠摯祈禱，並念誦下文：（念一遍）

ཨོཾ　དུས་གསུམ་ཀུན་ཏུ་མ་བསྒྲིབས་ཡེ་ཤེས་སྤྱན།།

嗡　第森根德瑪折業喜句

嗡　三時恆常無遮智慧眼，

འཇམ་དཔལ་དཔའ་བོ་བདག་ལ་དགོངས་སུ་གསོལ།།

尖華華沃達拉恭色索

祈請文殊勇士垂念我，

མཆོག་གསུམ་རྩ་གསུམ་རྟེན་འབྲེལ་བསླུ་མེད་ཀྱིས།།

確森雜森頂追樂美機
三寶三根本及緣起性，

བདེན་པའི་མཐུ་ཡིས་བླང་དོར་གསལ་གྱུར་ཅིག།

頂波特意浪多薩結界
無欺真實之力明取捨。

之後念誦緣起咒：（念三遍或七遍）

།ཨོཾ་ཡེ་དྷརྨཱ་ཧེ་ཏུ་པྲ་བྷ་ཝཱ་ཧེ་ཏུནྟེ་ཥཱན྄་ཏ་ཐཱ་ག་ཏོ་ཧྱ་ཝ་དཏ། ཏེ་

ཥཱཉྩ་ཡོ་ནི་རོ་དྷ་ཨེ་ཝཾ་ཝཱ་དཱི་མ་ཧཱ་ཤྲ་མ་ཎ་ཡེ་སྭཱ་ཧཱ། ལན་བདུན།

嗡　耶達瑪黑德抓巴瓦　黑頓得堪達塔噶多哈亞挖達　得堪雜喲訥若達　誒望巴德瑪哈夏瑪呢耶索哈

其後盡力念誦文殊菩薩心咒「阿咼巴雜那德」（ཨ་ར་པ་ཙ་ན་དྷཱི），並虔誠祈禱。

དེ་སྐབས་མདུན་གྱི་ནམ་མཁར་འཇམ་དཔལ་ཡེ་ཤེས་སེམས་དཔའ་འཁོར་དང་

此時，觀想自己前方虛空中，文殊菩薩與眾眷

བཅས་པ་འོད་ཟིབས་སེ་བྱོན་ནས་མངོན་སུམ་བཞུགས་པ་ལ་འདོད་དོན་སྨོན་པའི་
金光燦爛，真實降臨。心中憶念所占之事並猛
གསོལ་བ་དྲག་ཏུ་གདབ་ནས་ཤ་འཕང་བས་ལེགས་ཉེས་མངོན་སུམ་དུ་ཤ་ལས་
厲祈禱，然後扔出骰子，結果之凶吉定可通過
གསལ་བར་བསམས་ཏེ།
骰子明示。

《觀音占卜法》，可根據文中儀軌觀想及念誦。

二、占卜工具及使用方法

《文殊占筮法》占卜的最佳工具爲骰子。分佛父佛母兩枚，佛父爲黃色，佛母爲白色，按照麥彭仁波切的傳承，骰子的上方爲「ཨཱི་」，下方爲「ཨ་」，東方爲「ར་」，南方爲「ན་」，西方爲「ཙ་」，北方爲「པ་」。《觀音占卜法》一般以念珠爲占卜工具。

根據《文殊占筮法》占卜時，如果沒有條件製作骰子，也可採用念珠占卜。具體方法如下：

隨意選擇一段念珠，然後以三粒念珠爲單位，兩手同時撥向中點，最後所得之小於或等於六的數字，即爲占卜結果。

1、2、3、4、5、6 分別代表ཨ་ར་པ་ཙ་ན་དྷཱི་或ཨོཾ་མ་ཎི་པད་མེ་ཧཱུྃ་六個音節。《文殊占筮法》需要占佛父、佛母共計兩次，佛父、佛母排列組合後，組成三十六種卦象。而《觀音占卜法》只需占一次即可，共有六種卦象。

以念珠占卜，觀想方法與骰子占卜的觀想方法一致。

三、結果預測及措施

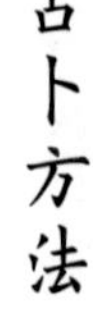

若爲重大事宜，可占兩次。若兩次凶吉一致，則能得出肯定結果；若兩次結果凶吉不同，則需再次占卜。若按《文殊占筮法》兩次占卜結果佛父佛母相互顛倒，則需重新占卜。若占卜結果對所問之事無有明確答覆，則可根據卦象凶吉推斷。

若占卜結果不盡如人意，可心中默念承諾做一定數量之善事，如放生、念咒等。然後再次進行占卜，若占卜結果仍不滿意，則可換爲其他善法。

在最後的附錄中，爲大家介紹了一些常用心咒。需要注意的是，文中提及的諸多修法及心咒，在漢地尚未普及，修法時可採用同種事業之儀軌、心咒，或其他積資淨障之善法代替，也能起同樣之功效。

平時也應盡力念誦此等本尊之心咒，並常時祈禱。最好不要出現「平時不燒香，臨時抱佛腳」的情況。

以上念誦儀軌及方法，是根據麥彭仁波切的金剛語及傳承上師的竅訣編撰而成。

文殊占筮法

——依靠明咒王ཨ་ར་པ་ཙ་ན་དྷཱི་觀察取捨之文殊歡喜教言

全知麥彭仁波切　著
索達吉堪布　譯

南無瑪雜西熱耶（頂禮文殊師利勇士）！

本文擬依靠明咒王ཨ་ར་པ་ཙ་ན་དྷཱི་觀察取捨。

首先用珍寶或上等木料製成四方形骰子，於六面分別寫上六字（ཨ་ར་པ་ཙ་ན་དྷཱི་）。平時觀想本尊，念誦根本咒及緣起咒三遍或七遍，以遠離詛咒之心將骰子妥為保存。

ཨ་ཨ་（下下）無垢晴空

問卦之人請諦聽：猶如遠離塵垢之虛空，自心安住於圓滿清淨等捨。

表示三解脫[15]空性之聲。

家庭和生命：無有違緣障礙，卦象吉祥。

謀略與籌劃：卦象平常。

不可現見之事及遣除違緣：卦象上吉，依憑諸佛菩薩之力，可迅速遣除障礙，以前所有之險惡凶相皆得化解。

財運：保持舊狀，難有突破，若欲有所進展，需以鮮花等物供養《般若經》。

怨敵：無有怨敵。

行旅之人：一路平安。

疾病：病痛息滅，無有邪魔徵象。

修法：於斷除障礙及觀修方面卦象吉祥，罪障可得清淨。

丟失物：除非根本未失，否則不可失而復得。

來客及成事：卦象極爲平常。

若問其他諸事，則卦象皆爲中平。

依止金剛薩埵等本尊，念誦百字明及廣、中、略《般若經》，以四百禳解法[16]、心經驅魔法[17]可逢凶化吉。

主修虛空藏菩薩，此卦爲無畏布施卦。

---

[15] 三解脫：因無相、體空性、果無願。

[16] 四百禳解法：陳設神燈、神饈、四色小塔各一百，生面俑一至四個或呵氣替身物一百，然後念經修法以禳解送祟。

[17] 心經驅魔法：依靠諷誦般若經，循聲擊掌以驅逐邪魔，禳解不祥。

ཨ་ར（下東）璀璨杲日

問卦之人請諦聽：猶如璀璨之杲日般明朗具決定性，為圓滿吉祥之卦。

表示無有塵埃之天空極為晴朗。

家庭和生命：若能精進行善，則卦象吉祥。

謀略與籌劃：若能解開懷疑之網罟，則卦象吉祥。

財運：可得到一些光亮及紅色財物。

怨敵：無有怨敵。

行旅之人：一帆風順，很快會攜帶佳音回轉。

疾病：病痛迅疾息滅，無有邪魔。

修法：於智慧和聞思方面都能得以增上。

丟失物：往西南方尋找可失而復得，或能了知其下落。

來客及成事：卦象極為明朗。

若問其他諸事，則卦象皆為中平，土業及依止事業略凶。

依止智慧本尊，供燈及獻經旗，念誦《遣除十方黑暗經》及《光明品》則大吉。

此卦為遣除黑暗卦。

ཨ་པ（下北）皎潔明月

猶如虛空中具甘露光明之皎潔明月，息、增等善業卦象吉祥。

表示於無有士夫中享受欲妙。

家庭和生命：若作除障或沐浴則子嗣興旺。

謀略與籌劃：無有魔障，溫和事業卦象吉祥，懷、誅事業則功力疲軟。

財運：白類及飲食方面有所增長。

怨敵：無有怨敵。

行旅之人：一路平安，旋即歸來。

疾病：患染寒病及消化不良症狀，可很快痊癒，無有邪魔。

修法：善法智慧增長，卦象吉祥。

丟失物：可派遣女人至南方或北方尋找。

來客及成事：能夠成辦。

若問其他諸事，則女人及溫和事業卦象吉祥，火業略差，三幼歡喜增上。

依止白度母及尊勝母等天母，隨意念誦《女人授記經》，做水施、沐浴、供養、放生及龍王歡喜之事則上吉，依上師瑜伽則吉祥。

此卦為雲開霧散之卦。

༼ཡ་ཙ༽（下西）群星閃耀

心無動搖閒散而作則極為妙善。

表示莊嚴集聚無有離散。

家庭和生命：若製作經旗或熏燒桑煙則吉祥。

謀略與籌劃：出走或布施卦象禎吉。

財運：木業、牲畜、綠色、布匹等方面會有消息出現。

怨敵：無有怨敵。

行旅之人：一路平安，頃刻即歸。

疾病：風心外散而已，無有大礙，進行祖神祭及祈禱木天尊，則無有邪魔。稍有急躁分別念眾多之過，依止不動佛可保吉祥。

修法：卦象吉祥，特別是在去往他鄉等方面為上吉。

丟失物：雖然已散失他方，若能迅速尋找，前往北方或東方或許能失而復得。

來客及成事：卦象主來以及成功。

若問其他諸事，則卦象吉祥，水業略差。

依止綠度母及事業本尊，供養護法，拋撒大量風馬，作轉繞、頂禮、朵馬及回遮，做各種靈器[18]等善法，閱讀諸佛出遊故事，如：記載諸佛出行之《華嚴經》等，依止綠色本尊，諸事可迅速得以成辦。

如同星曜軌道環繞虛空，可知此卦為借助風勢而得以增上之卦。

---

[18] 靈器：用彩線繞成或用糌粑捏成日用品、牲畜、房屋等模擬物。用以供奉者稱為上供靈器，用以布施鬼類者稱為下施靈器。

ཨ་ན （下南）黃金大地

猶如妙善之大地般事業穩固暢旺，卦象吉祥。

表示無量無邊，不可揆度。

家庭和生命：極其穩固興旺。

謀略與籌劃：若恆依住處，放棄四方遊走等可保順暢不退轉。

財運：雖然略有阻滯，但最終福祉滿盈。

怨敵：無有怨敵。

行旅之人：略有耽延，最終順暢。

疾病：雖然稍患瘟病等但無妨礙，暫時不能痊癒。若做火施、風輪以及大量經旗，則無有魔障。

罪戾：乃地水不調所致。

修法：究竟結果吉祥，若能始終安住一處，則賢妙。

丟失物：被自己人找到或速往東方尋找，設使不能找到，則極難失而復得。

來客及成事：會延宕較長時間。

若問其他諸事，則無有滯延，卦象吉祥。傳遞口信等依靠風的事業略差。

依止釋迦牟尼佛、不動佛等金剛部諸尊則極爲祥和，修寶生部諸尊及財神，做十萬泥塔小像，在石頭上鑿刻咒語，建造佛塔、佛像，並作安宅等儀式也極其勝妙。

此卦爲安住扎根之卦。

ཨ་དྷཱིཿ（下上）金剛妙音

有如聽到喜訊一般對諸事均歡喜增上，卦象吉祥。

表示以智慧天女增上無量妙智。

學習共同學問及顯宗運勢暢旺。

家庭和生命：若依止天女修長壽儀軌，則命根穩定。

謀略與籌劃：極其順暢。

財運：心滿意足。

怨敵：不會出現怨敵並有天尊護佑。

行旅之人：心情順暢，一帆風順，頃刻回返。

疾病：病痛即將消逝，無有魔障。

罪戾：無有其他出現，即使暫時顯現爲凶兆，實爲祥瑞之表示，若祈禱本尊則會成就或打開思路。

丟失物：若依善巧方便，則可失而復得。

修法：智慧能得以增長，修金剛妙音法則尤其善妙。

來客及成事：萬事順意、如願以償。

若問其他諸事，則卦象吉祥。成辦息業及女人事業尤其暢旺。

此卦為六大城市主母卦，極為勝妙。若修天尊三部法及隨一修法，依止黑熱嘎部佛母眷屬則顯晟旺。依止意樂瑜伽則祥和，念誦《勝樂金剛續》、《金剛空行續》等及《三摩地王經》。做空行滿願靈器，依止單堅（དན་ཅན）、尖扎（ཕྱམ་ དྲལ）、長壽五姊妹等具童子相的寂靜護法，特別是依靠退敵咒語及熱德(རེ་ཏི)等天女，作童女喜宴、吹奏海螺，則修持任何天尊均會成就。若精進修持天尊，則會心想事成。

此卦為智慧增上之卦。

༼ར་ཡ༽（東下）焜然之燈

猶如善妙之明燈般自心極其明朗，卦象吉祥。

表示燈火通明無有狂風作亂。

家庭和生命：運程順暢。

謀略與籌劃：如意吉祥。

財運：（藏文此處遺漏。）

怨敵：未出現敵害，即使有也在遠方，因鞭長莫及，無法作祟。

行旅之人：一路順暢並能知其行蹤。

疾病：日趨好轉，無有魔障。

罪戾：皆因宿業之故，導致違緣出現，但

無大礙。

修法：能夠自力更生，無有障礙。

丟失物：若前往西南方找尋，則可失而復得。

來客及成事：無礙，若精進則可成功。

若問其他諸事，則念出即行，不會有禱氣當道。

若朗讀《賢劫經》等經典，依止長壽佛、作明佛母、具光佛母以及蓮花部天尊，修持瑪吽噶熱佛父母以及紅大鵬可以成就。依靠大自在及紫瑪(ཙིད་མར)護法等，並做修橋補路、火施等善法則無有障礙出現，心中願望終將實現。

此卦為獨擋八面之卦。

{ར་ར}（東東）馬頭明王

自己承攬之諸事能很快成辦，卦象吉祥。

表示欲樂之火熾燃，並再三火上加油。

家庭和生命：卦象呈增上之勢，身色容光煥發、神采奕奕。

謀略與籌劃：成功在望，可靜候佳音。若能將空行修持究竟，則事業將迅速顯達。

財運：乾燥及紅色財物會有所進益，特別是若能進行大量火施，則欲樂將極為增上。

怨敵：不會出現怨敵，若想鎮服東方或中部的敵人，則很快將有訊息傳來。

行旅之人：極其迅捷地順利回返。

疾病：除患染暑熱、血症及瘟疫需徹底治療外，其他病痛將很快痊癒，無有任何魔障。

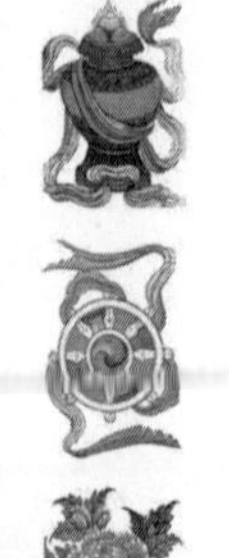

罪戾：成辦之事過大，且性情急躁而導致威猛本尊稍有不快，需虔誠祈禱供養纘神(བཙན)等護法。

修法：修善法或懷柔事業將增上吉祥。

丟失物：前往西南方尋找可失而復得。

來客及成事：迅速成功。

若問其他諸事，則雖然卦象吉祥，但依止事業及地、水事業非常衰落。猶如水分沸騰，蒸發殆盡或湖泊乾涸一般。

依止馬頭明王、欲王等懷業天尊以及蓮花部忿怒本尊，念誦不空羂索等觀音經續。做供燈、燒施等火業，依止纘神等護法及懷、誅業天尊，可迅速成就事業，歡喜猶如火焰般熾盛。

此卦爲喜宴增上之卦。

༼ར་བ༽（東北）閻羅當道

此卦象主凶殺，猶如微小之火星被水淹沒，無論何事均不利，始終被死主閻王嚴密控制。

本體行於南外門。

表示殺害、死亡和摧毀。

家庭和生命：主死亡或極大違緣。需做除去經函積塵等善業，並修忿怒化身朵馬回遮法。

謀略與籌劃：違緣障礙極大，無法成事，不宜輕舉妄動，放棄爲佳。

財運：不但不能獲取，尚有災禍降臨。

怨敵：有怨敵，特別要密切注意來自南方或北方的敵害。

行旅之人：頗爲艱難，有大禍障。需修念白傘蓋母禳解法及除敵法。

疾病：危險極大，會罹患寒病、水瘡等水症及重症。應盡快念誦密咒、經續，若不精進對治，恐回天乏術。

罪戾：魑魅當道之原因與飲用之飲品不當有關，另有深藍色類圓形物，嫠婦之用品，如衣食等黑色物品類，因沾染不淨及失壞等晦氣而生大障。卦象顯示遭到詛咒厭勝[19]的可能性極大，應依止金剛橛、度母等作詛咒禳解及回遮則會有益。也可作緣龍王禳解厭勝等佛事，或全力以赴地護持水魔等陰卓鬼[20]。

修法：阻礙重重，需精進修持皈依法，並竭盡全力作朵馬和回遮等佛事，以禳解詛咒、掃除魔障、遣除晦氣。還需諷誦各種經典及詮釋如來藏之類的經藏，做轉移禳解、除魔靈器、

---

[19] 詛咒厭勝：一種詛咒怨敵的方術。

[20] 陰卓鬼：一種障礙善行使人遭遇不幸的魔鬼。

四百禳解法、咒語靈器等以解除災難，若不實施，必將大禍臨頭。

此卦主驟然起火，絕悶而死，爲命相之違緣紛現之卦，故應大量勵力修持長壽經咒。

丟失物：已去往南方或北方，但卻難覓蹤影。

來客及成事：事與願違、阻障紛紜、不能成功。

若問其他諸事，則除了打獵、服毒、殺生及摧毀之事業之外，其他均不吉祥。

ར་ཙེ（東西）大力君主

猶如借助風力而使森林之火熊熊燃燒一般，主勢力增長，卦象吉祥。懷、誅事業勢力雄厚。

本體爲摧毀語主尊。大威德地母言：

表示凡趨入此道者均可賜予力量，爲猛虎、雄獅發出英勇咆哮之卦。

家庭和生命：主力量增上，不可作害。

謀略與籌劃：無論有何意趣，都具有強力。作勾招及誅業則極爲勝妙。修持本尊密要順暢且極爲殊勝。

財運：圓滿增上，特別是綠色和橢圓形的不動類用品會進項較豐。

怨敵：無有怨敵且均能百戰百勝。

行旅之人：一路順暢，頃刻回返，且會值遇能予以扶助之貴人。

疾病：雖感心緒紛亂，但無妨礙。若祈禱供養護法則無有魔障。

罪戾：雖有護法極力護佑，但不要以曾做過大供養自詡，以前的供養尚有欠缺，還需額外添加。

修法：無論修何法都極爲善妙，能夠成功。

丟失物：若依靠力量，則可失而復得。

來客及成事：能夠成功，但需祈禱本尊。

若問其他諸事，則均爲勢力增上，卦象吉祥。在祈雨等水事業方面卦象中平。

依止金剛橛等威猛本尊、身部的忿怒金剛、忿怒母、三界尊勝、忿怒蓮師等主尊，念誦《五頂續》、《十忿怒續》等，時常讚頌、供養護法，則會得到蔭護。熏燒桑煙、拋撒風馬、供養供品等。欲成辦之事業將會具有強大勢力且十分祥瑞。依止象鼻天護法與曜王咼哈拉將會成就。

此卦爲勢力增上之卦。

༼ར་ན༽（東南）乾枯之樹

猶如枯萎之樹不能結出果實一般，主魔王

信使漂移於東南方，尋食餓鬼云：

心中恆時抱著強烈希望，卻始終無法成功。

表示與痛苦常相依伴。

家庭和生命：雖然暫時無礙，但最終運勢轉衰。卦象雖然中平，但有撲朔迷離、漂移不定之相。

謀略與籌劃：似乎熊熊燃燒一般呈旺盛之勢，實際卻昏昏暗暗、晦氣彌漫、難有指望。

財運：一無所獲。

怨敵：稍有怨敵，但無大礙。

行旅之人：顛簸勞累，耽延時間頗長。

疾病：稍有膽病侵擾，但無妨礙，魔障方面主要是尋食神之類或親眷陰魂未散，但無有大礙。應以大悲心做焦煙[21]、孽債食子[22]、水施等佛事。你住處所在神靈之福報已呈頹勢，應極力唪誦《金光明經》以及招福喚財經咒，精進積資和酬補，依要訣而行則極佳。

修法：雖然苦心竭慮，卻成事不足，敗事有餘。成功的希望有如兒童尋覓彩虹般虛幻渺茫。

丟失物：已被他人隱藏，極難收回。

來客及成事：自心被他人所轉，猶如夢中營生難見成效。

若問其他諸事，則均呈衰相，尤其是謀求

---

[21] 焦煙：布施給一切中有鬼物的混有乳、酪、酥三素，和血、肉、脂三葷的糌粑火煙。

[22] 食子：消除孽債的一種食子。

欲樂方面更是主凶。若想從某事中脫身則機會極佳，定能成全退隱之願。

作經懺，念誦《地藏十輪經》、《金光明經》等，以及增上飲食、財物方面的咒語和《文殊根本續》。

此卦爲餓鬼無有精華之卦。

ར་དྷཱིཿ（東上）南方門尊

瑞氣盈門，卦象吉祥。主睜開智慧之眼。

表示招來西方天女爲助伴。

家庭和生命：家庭祺瑞增上，命星通泰盛旺。

謀略與籌劃：若聽從良友勸告則吉祥。眼藥、圓光等依靠眼見的事業尤其暢旺。

財運：倘若勤勞精進，則會有所回報。

怨敵：無有怨敵。

行旅之人：平安順利，瞬息即歸。

疾病：若做經懺等佛事，則會立即有所好轉。無有任何魔障。

修法：卦象吉祥，尤其是學習、淨障等則極爲有利。

丟失物：若前往南方或西方找尋會失而復得。

來客及成事：福星高照，定可大展鴻圖。

若問其他諸事，則均爲上吉之相。若有不能勝任之事，則頓生退意，不會枉費心機。

依止大紅威德則吉祥，修持語天女、蓮花部尊眾、具光佛母等主尊以及單堅等隨一護法，則能如虎添翼、青雲直上。諷誦《寺院》、《精華》、《金光明經》、《寶篋經》、《神馬續》、《作明佛母續》等，並作供燈、念誦《欲成頌》[23]等善法，則自心自然趨往良善。

此卦爲良友開示妙智之卦。

ར་ཨ（北下）甘露妙瓶

猶如瓶中盛滿甘露，成辦息業必定成功。

表示因享用甘露而與死神永別。

家庭和生命：滿門吉慶。

謀略與籌劃：無有險阻，萬事亨通，但應隨意修一上師法。

財運：不招自來，定可獲取收益，如同妙瓶自然生出一切所欲。

怨敵：無有怨敵，且均持寂靜調柔心態。

行旅之人：一路順暢，且急緩有度。

疾病：若作治療、經懺等，則一切所作皆化爲甘露，對患者尤其有利。無有魔障。

修法：若作息業等，則可保成功吉祥。依

---

23 《欲成頌》：祈禱蓮師等成就一切所願的儀軌。

止普明佛等除障本尊、藥師佛、不動佛等則善妙。

丟失物：可前往南方或湖畔搜尋。

來客及成事：萬無一失。

若問其他諸事，則做溫和事業時機適宜，若做下毒等惡業則絕對失敗，應趁早放棄打算。作水施、寶瓶沐浴、超度、懺悔、淨障等，則一切違緣均可消失。

此卦爲祝福洋溢，息業增上之卦。

[illegible] （北東）無源池沼

猶如源泉阻斷之池沼，主一切受用均遇阻滯。

表示魔王信使遊歷於西南方，羅刹總匯云：「於海中以沙砌屋有何意義？」

家庭和生命：雖然暫時無舛，但究竟結果不妙，應勵力積集資糧。

謀略與籌劃：卦象中平，妄想依朋友得利則如水中撈月，終無指望。

財運：暫時稍顯豐盈，但不會長存，終無利益。

怨敵：雖然頻頻算計，試圖加害，卻始終不能得手。

行旅之人：雖然無有滯障，但卻難保準時

回返。

疾病：病根難斷，異常凶險。應做大量孽債食子、替身俑像抛出。魔障方面，因有個別諍鬥男女攜來之財物，而引起少許戾氣，雖然不能辨別，但無大礙。

修法：不見進展，懷疑及智慧障礙頗盛，皆因修習方法不當而致。應念誦《三十五佛懺悔文》、《普賢行願品》、《華嚴經》、《賢劫經》、《廣大遊舞經》、《般若八千頌》，尤其是蓮師心咒及《蓮師遺教》，則會令運勢猛然飆升。

切記！無有誠信的你應以增上信心爲本。

丟失物：失去的定然丟失，重歸於己已成奢望。

來客及成事：雖然賦諸實施，但難有成效。

若問其他諸事，卦象均爲不吉，尤其主親友不和。若欲毀壞別人的設想或行動，則極爲有利。

應向僧眾供齋，並大興薈供之事，依止密智空行母及四面佛母，做焦煙、替身俑像則有柳暗花明之效。

此卦爲喜宴滅盡之卦。

༼པ་པ༽（北北）甘露妙海

猶如浩淼之大海擁有盈滿之水，主受用增

上。

表示：白尊勝母云：「夏日之河流洪水暴漲。」

家庭和生命：吉祥圓滿，洪福齊天。

謀略與籌劃：萬事順意，紅運當頭。

財運：如同遼闊無垠大海之水一般取之不盡。

怨敵：無有怨敵，即使以前積有宿怨，也會化干戈爲玉帛。

行旅之人：順利，且按時回返。

疾病：稍感寒病，但無大礙。若患染水症，則卦象中平。無有魔障。此問貪欲尤爲增上，會值遇女人。

修法：極其善妙，修持甘露功德尊、寂靜本尊可成就息業。

丟失物：若派遣親人找尋或前往南方或北方搜尋可失而復得。

來客及成事：與心意相合，自然成功。

若問其他諸事，則均爲上吉。主飲食豐盈，尤其依水事業更爲暢達。親友關係和睦融洽，其樂融融。但火事業略差。應諷誦《華嚴經》、五部陀羅尼[24]。洗濯佛像、佛塔，供養龍王，則會心想事成。

此卦爲病災息滅，清淨沐浴之卦。

[24] 五部陀羅尼：事部本尊大千摧破佛母、大孔雀佛母、隨持佛母、大寒林佛母和隨行佛母的陀羅尼咒。

པ་ཙ། （北西）煩惱邪魔

猶如大海波濤洶湧，咆哮不寧。

表示：住於北外門之凶猛夜叉云：行持魔道之龍王翻攪大海，使其渾濁不堪。

家庭和生命：血光橫飛，阻滯重重。

謀略與籌劃：心緒紛亂，不得安寧。

財運：恰似狂風大作，令塵埃飛捲而逝，一無所獲且有煞星當道。

怨敵：怨敵如雲，尤以東方或北方爲最。此卦爲坎卦，主陷阱重重，險難橫生，謠言四起，議論紛紛。

行旅之人：散失、敗壞、洩漏等諸凶困擾，尤當謹慎。

疾病：因風動而致筋脈疾患，始終難得安樂。應大量做驅魔食子、三分食子[25]，諷誦《華嚴經》、《普賢行願品》，做贖死、曼扎四儀軌等佛事，依止不動佛則可轉危爲安，魔障源於木物及綠色物品，因天龍八部及遭受詛咒，而導致毀損之晦氣叢生。

罪戾：因於惡言諸眾中頻繁往來，忙碌遊走，耽著沉湎而引發爭論事端等所致。

修法：心緒不寧，煩亂不安，且失毀戒體。應依止不動佛，做忿怒回遮食子，供養象鼻護

[25] 三分食子：分供施用的食子爲三分，一份上供諸佛菩薩，一份獻十方護法，一份下施六道眾生和邪魔厲鬼的三類食子。

法，除去經卷積塵，夜叉靈器，拋撒風馬，遍插經旗等善事。

丟失物：搜尋之路已全然顛倒，不能收回。

來客及成事：心煩意亂，難以成事。

若問其他諸事，則均爲不吉，尤其是心亂如麻，難以控制。做分裂、挑撥及凶兆等惡業卻有如神助。做黃色泥塔佛像及黃色佛塔，則會時來運轉。

此卦爲被煩惱役使之卦。

པ་ཡ་ཏི（北南）金色蓮花

猶如松石般的枝葉上生出金穗，主萬事祥瑞，無需稼穡即可長出天然之莊稼。

表示：白文殊極爲中意之佛母宣說：「因甘露妙雨滋潤，而使曼達羅花園尤爲悅意可人。」

家庭和生命：福瑞滿門，喜氣連連。

謀略與籌劃：日趨興旺。

財運：獲益豐厚，若修增祿天母、多聞天子及黃財神則更加增盛無比。依止曼尊護法爲宜。

怨敵：無有怨敵。

行旅之人：一路順風，略有耽延，成功而返。

疾病：逐漸消失，眾人均對你關懷備至，

十分有益。無有魔障。

修法：善妙之心極爲旺盛，你的善說猶如鮮花吸引蜜蜂般令各方仁人志士紛至沓來，而使門庭光顯。應依止護法及金剛亥母、金剛天母等寂靜本尊，唪誦《廣大遊舞經》及大乘經藏，則結果會趨於吉祥。

丟失物：可以獲得並以完美結局而收場。

來客及成事：漸次成功。

若問其他諸事，則均爲逐漸趨於好轉之相，但對速戰速決，則勿冀望過厚。

此卦爲青春韶華英俊貌美，修行增上喜悅之卦。

པ་དྷཱིཿ（北上）北方門尊

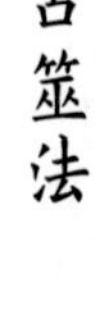

打開甘露妙藥之門，必將獲得利益。也可稱之爲黃金寶藏煙雲籠罩。

表示獲得南方金河之財。

家庭和生命：龍馬精神，燊然昌旺。

謀略與籌劃：如意而成，此間爲修避穀療法之最佳時機，若依止隨行佛母，定可實現所願。

財運：人財俱獲，且歡愉之心極爲增上。

怨敵：無有怨敵。

行旅之人：順利，按時回還。

疾病：若謹遵醫囑，則可廓清疾患。無有魔障，即使過去存在，此刻也化爲烏有。

修法：相續調柔，如意自成。

丟失物：若前往南方或北方，定可失而復得。

來客及成事：如願以償。

若問其他諸事，則均爲善妙之卦。若能斷除惡行，則更爲吉祥。

依止不動佛、白摧破金剛及甘露漩明王等則息業宛若海中之如意寶般增上吉祥。另外依止蓮師及寶生部諸尊，依憑財神及增業本尊，淨居天神等寂靜護法則十分有利。依白怙主如意寶進行禱祀，做水擦擦像[26]、金橋[27]、製作藍色風馬旗、做水施等善法皆可成吉祥增上之助緣。

此卦爲親友美言相迎之吉卦。

༼ཙ་ཨ༽（西下）吉祥寶傘

猶如柔風吹拂白色寶傘般增上吉祥。

表示令人賞心悅目之花園中枝盛葉茂，繁花充盈。

家庭和生命：福壽康寧。

---

[26] 水擦擦像：將水裝入預製的佛像印模中然後倒出的一種積資淨障法。

[27] 金橋：念誦儀軌後，將彩色絲線纏於橋側的一種禳解災難法，在藏地十分普遍。

謀略與籌劃：瑞氣逼人。若念修四面佛母則更爲吉祥。尤其是若曾遭遇流言，則此刻各種於你不利之傳聞，均如空中鳥跡般杳無蹤影。

財運：若向本尊進行禱祀，則會有喜訊傳來。

怨敵：無有任何怨敵，無需疑慮。

行旅之人：順利且很快回返。

疾病：病痛迅速痊癒。一切魔障本爲自心假立，無有實質，皆爲自我分別念過於執著所致，無有其他妨礙。

修法：得心應手。

丟失物：卦象中平。

來客及成事：無有阻礙，除非自心安立。

若問其他諸事，則均爲可得安慰之卦象。

依止幢頂臂嚴佛母、吉祥天母及大孔雀佛母，插經旗、豎經輪則可保吉慶。另外，若祈禱供養國王五護法也十分祥瑞。

此卦乃無論取道何方，皆得平安解脫之卦。

༼ཙ་ར༽（西東）威猛兵器

猶如戰勝十方而獲取英雄帶[28]，卦象吉祥。

表示摧毀邪念怨魔。忿怒閻王云：「戰勝敵軍，降伏怨敵。」

[28] 英雄帶：授予英雄的一種獎品。

家庭和生命：日常護佑經懺若能黽勉而作，則極為殊勝。

謀略與籌劃：超勝一切，十分善妙。尤其是壓服敵人等誅業更是勇往直前、所向無敵。做重複的事情則會成功。

財運：以勢力可以獲取，在飲品等財物方面會有所進益。

怨敵：降伏一切怨敵，戰無不勝。

行旅之人：須臾即至，且超勝十方。

疾病：病痛息滅，無有絲毫魔障。因己方勢力過於強大，導致他方因頻頻受挫而心灰意懶，此刻應對其生大悲心。

修法：懷業及誅業鋒芒畢露，成敗自主。

丟失物：能夠失而復得。

來客及成事：成功已成定局。

若問其他諸事，則均主勢力強大。地、水事業難有把握，降冰雹等事可以成功。

若依止大威德及忿怒閻羅，修持絕地火，則令依火、風的事業及懷業、誅業獲得強勁之力，定能手到擒拿。另外，依止三部忿怒神、六部金剛語、事業本尊、黑忿怒神及金剛橛可獲得神力。依靠加贊護法或扎拉護法，特別是瑪囊（མ་ནིང）、袞波（མགོན་པོ）、事業閻羅及密主護法，更是如虎添翼。還需作熏煙、淨晦等讚頌儀軌。

此卦乃勢力強盛，摧伏他眾之卦。

ཙ་བ （西北）空曠之心

猶如狂風捲過空曠山谷般內心空空如也。

表示魔王信使疾馳於西北城郭。眾魔云：「白紙爲疾風吹送，難以收回。」

家庭和生命：險象環生，極易分離。若作經懺可轉危爲安。

謀略與籌劃：苦心竭慮，收效甚微。

財運：即使暫時掌握，也如拳中之水般遺漏無餘。

怨敵：即使有也僅爲一些膽小懦弱之輩，難成大器，最多引發一些爭論而已，不能構成危害。應當向他們布施一些財物，並遠離這些無事生非的低劣之徒。

行旅之人：空手而歸，難成所願。

疾病：因稍感風寒症，而致身體不適。

罪戾：因結交惡友及劣眷而使內心厭惡增上，絕交爲宜。前途峰迴路轉，並有凶煞之氣。魔障危害不大。應爲餓鬼做替身俑像，並作遣除魔女儀式，方能否極泰來，轉危爲安。

修法：內心紛亂急躁，難見起色。

丟失物：若想失而復得，恰似海底撈針。

來客及成事：六神無主，大失方寸，難有

進展。

若問其他諸事，則均主所願不成，呈不聽勸誡之卦象。

應穩固自心，勤積資糧，諷誦律經，做禳解、酬補等佛事，諷誦《八顯現》及《遣障法》等。

此卦乃內心分崩離析之卦。

〈དྷི་དྷི〉（西西）飄揚飛幡

猶如天王爲勝利而奏擊，響徹天宇之鼓聲般，美名及讚頌四海遠揚。爲大鵬及遊龍翱翔於天際之卦象。

表示：甘露漩明王云：「似若高山之巔經旗高懸，讚譽之聲迎風飛舞，傳遍四方。」

家庭和生命：紅運當頭，福瑞盈門，但物極必反。不可過分貪婪，應適可而止，以免樹大招風。

謀略與籌劃：欲爲則成，其權在己。若修習護法精要圓滿，時機成熟之際，各種事業均會蒸蒸日上。

財運：財祿旋即得手。

怨敵：若有怨仇出現，也能戰勝對方，化險爲夷。

行旅之人：一路順暢，即刻攜佳音而歸。

疾病：風症肆虐，但無大礙。無有魔障。
修法：時機極佳，且能獲得盛譽。
丟失物：若前往東北方尋找，可迅速收回。
來客及成事：一切所願皆能實現。

若問其他諸事，則均爲吉祥穩妥之卦象。地、水之業成功之相渺茫。依靠供養、讚頌和放咒，修持忿怒藍杖明王和忿扎母，依止事業天尊、那內瑪(ན་ནེ་མ)、尸林主等護法及扎拉護法則吉祥，尤以修香炯根達旬呢(ཞིང་སྐྱོང་ཀུན་དགའ་གཞོན་ནུ)護法爲勝。出行之事極利。若勵力經懺，則爲修空行及神足等成就之極大助緣，此間做摒除之事尤爲適宜。對僧人敬獻哈達、供齋及布施等則可保無往不利。

此卦乃迅速斷定，聞聽悅耳妙語之卦。

《ཙ་ན》（西南）蘊聚魔王

猶如樹幹攔腰折斷，家庭、壽命及財運皆主凶。

表示：位於東外門之害命屠夫曰：以利刃之鐮切割草木。

宜於念誦各種咒語，做朵瑪及回遮等法事。

謀略與籌劃：魔障來勢凶猛，十分不利，應諷誦驅魔除障經咒及《度母經》、《遣除十方

黑暗經》及《解脫經》。

怨敵：敵軍龐大，尤以東方及中方之危害爲甚。應作馬頭明王及金剛降敵法、解除厭勝法。最近有招致大人物之責難等相，應以戰戰兢兢、如履薄冰之心度過這一低迷時期。

行旅之人：違緣重重，事端頻繁，難以如期回返。

疾病：涎病十分沉重，會引發呼吸困難等症狀，應做各種禳解及靈器。無有魔障。

罪戾：因衝撞地祇及當方神，由黃色或四方物品以及凶宅等，或因勢力顯赫的僧人或苯教徒挈帶物件由靡干附著而引發，其緣由可歸咎於人類或大力非人不悅，或毀壞佛塔、佛像等而致晦氣彌漫，應做熏煙沐浴等事以淨除邪氣。

修法：道路險阻。應依止度母等除障本尊，作消除隘道法門，諷誦《八顯現》及《遣障法》，整治尸林、土地或區域，使當方神歡悅，則可化險爲夷。

丟失物：猶若落入獅口之肉般難以奪回。

來客及成事：雖然聲勢浩大，卻一無所成。

若問其他諸事，則均爲不利之卦象。唯有欺瞞他人等狡詐之事，壓服、詛咒及陷害等惡業能事事順意。

作朵瑪及回遮儀式，修持《八大法行》，作戰勝靈器、解縛等法門。精進修持大白傘蓋佛母及金剛橛，方可逢凶化吉。

此卦乃巍峨重山鎮壓之卦。

༼ཙ་དྷྲི༔༽（西上）東方門尊

讚譽之聲四處傳揚，一切所願均能成辦，卦象吉祥。也可稱之爲如意寶樹。

表示事業飛幡迎風招展。

家庭、生命、謀略與籌劃和財運都將有新的轉機，呈欣欣向榮之勢，爲他人傳送訊息等事尤爲善妙。

怨敵：無有怨敵，舒心悅意。

行旅之人：一路順暢，値遇良伴，俄頃回返。

疾病：病痛息滅，無有魔障。

修法：卦象吉祥，智慧及行事呈蒸蒸日上之勢。

丟失物：若前往東方或北方搜尋，可失而復得。

來客及成事：抉擇英明，如火加薪，必將成事。

若問其他諸事，則均爲如是而行，則天時地利之卦。

依止大力本尊、羅炯瑪(ལོ་གྱོན་མ)、尊勝母、度母及事業部本尊，供養四臂護法、扎拉護法等，依靠瑪積山神及夜叉等則勝妙。諷誦《善

解密意經》、《稻稈經》、《富樓那請問經》、《彌勒請問經》、《獅吼經》及《華嚴經》，做講經聞法、吹奏海螺、樹立飛幡等善法均極爲有利。

此卦乃闡演悅語，遊戲開場之卦。

ནཡ（南下）黃金山王

猶如金山高聳入雲，主家庭和壽命穩如山王。

表示不變永恆之意。

謀略與籌劃，結局穩如泰山。

財運：保存已有財力，穩定不變且自然善妙。

怨敵：無有怨敵，且己方勢力穩固。

行旅之人：無有違緣，稍有延滯。

疾病：病痛消亡，無有魔障。

修法：恆定穩固，無有動搖，自然勝妙。

丟失物：不會落入他人之手。

來客及成事：勇往直前，決不退轉，其他之事雖有所耽延，但終能實現。

若問其他諸事，則雖然卦象吉祥，但略有延宕。

應諷誦《華嚴經》及律經，依止閻羅部佛母及金剛部諸尊、地藏王菩薩、廣目天王、多聞天子以及財神則增上吉祥。宜塑造佛像、修建佛塔，作穩固事業。

此卦乃獲得無有變遷之見地，基礎穩固，飛黃騰達之卦。

༼ན་ར༽（南東）天子之魔

猶如美妙宮殿被火焚燒，卦象禝晦。

表示：住於西外門之欺眾大邪師曰：「欲火焚身，自必毀滅。」

家庭和生命：搖搖欲墜，風雨飄搖。

謀略與籌劃：徒勞無功，空手而返。

財運：恰似綢緞燃燒所餘灰燼般所剩無幾。

怨敵：怨敵猖獗，尤其西南方更是風狂雨驟。

行旅之人：人與財物均面臨危險境地。

疾病：會罹患熱邪、血症及疫癘等病，疼痛纏身，患者苦不堪言，大勢不妙。其原因可歸咎於血肉及來自西方之三角形物品或紅色物品帶來魔障之故，也可能是由於灶煙[29]觸怒火神所致。

修法：險象環生，步履維艱，應大量作寂靜護摩及水施，修持藥師佛及白色寂靜本尊，策勵諷誦《蓮師遺教》及蓮師心咒。

丟失物：一去而不復返。

[29] 灶煙：灶中所焚用以祭鬼的酥油糌粑火煙。

來客及成事：卦象凶險，陰雲密布，無法重見天日。

若問其他諸事，則均主凶。唯有縱火燒城等不祥之事會遂願。應觀修斷法，做四百禳解等法事。

此卦乃諸蘊蒙受痛苦之卦。

ནཱ་པ་（南北）谷盈金盆

猶如珍寶之盆盛滿飲食，主各種受用源源不斷。也可稱之爲如意牛。

表示滅除衰敗，白文殊云：「金瓶之器盛裝精華甘露，可謂珠聯璧合，圓滿豐饒。」

家庭和生命：祺瑞平安。

謀略與籌劃：歡悅增上。

財運：特別是食品類財物之運勢，更是以前所未有之勢節節上升。

怨敵：無有怨敵。

行旅之人：總體圓滿，稍有阻滯，歡喜而歸。

疾病：病障息滅，風平浪靜，無有魔障。應知一切魔障皆因自心增上安立，無有實質。

修法：時機大好。

丟失物：若前往東方、中部或南方則會失而復得。

來客及成事：來客已進入己方境內。成事方面雖然開頭不暢，略有延滯，但結局圓滿。

若問其他諸事，則均爲稱心如意之卦。在此期間求灌頂，依止財神或寶生部諸尊，修生起次第及避穀術等，是施展抱負之最佳良機。作薈供及供養龍王，念誦《普明續》及《梵天陀羅尼》，依止象鼻天及普旋三尊，則更有畫龍點睛之妙。

此卦乃逸樂增上，財運亨通之卦。

ར་ཏི （南西）沙之丘壟

猶如風捲塵土般終無結果。

表示魔王信使遊蕩於東北，竊心鬼蜮聚集而云：「黃金宮殿逐漸毀如塵土。」

家庭和生命：漸成衰勢。

謀略與籌劃：風雲突變，終致衰敗。

財運：裒多益寡，不僅不會有所收益，以前所有也呈頹勢。

怨敵：隱藏的敵人會忽然發動攻勢，使安於逸樂現狀之人措手不及，故應大肆厲行除敵法及禳解回遮法。

行旅之人：會帶回一些噩耗。

疾病：無有大礙，僅有一些隱秘的溫和病症而已，應作經懺等善法。無有大魔障，僅因

分別妄念粗大紊亂而引發，應多作布施以消除分別執著。

罪戾：因以前磋商事宜及行事欠妥，過失日積月累，最終導致不良結果。應做各類靈器，鎮壓夭折鬼儀式，爲僧眾供齋，並請其念誦吉祥經文。

修法：結局不妙，難以成事。

丟失物：拖延時間越長，越難以找回。

來客及成事：困難重重，即使辦成也於事無補。

若問其他諸事，則均爲凶多吉少。唯行摧毀之業卻有如神助。卦象主家庭等有隱患潛伏，應嚴加防範。

諷誦《寶積經》、《吉祥積經》，勵力念誦《欲成頌》。做金橋、壓服鬼蜮等佛事，用黃金書寫經函則對緩解魔障有所裨益。

此卦乃大山毀若微塵之卦。

༼ན་ན༽（南南）黃金宮殿

猶如圓滿增上之無量宮般，卦象穩固、吉祥。

表示：黃金大地之上，珍寶山偉岸雄奇，令人歎爲觀止。爲無盡寶藏之卦象。

家庭和生命：穩若泰山，福瑞圓滿。

謀略與籌劃：極爲恆定，猶若須彌般善妙穩定，以致頗有耽延。修財神及當方神可有助於成事。

財運：財源茂盛，結局圓滿。

怨敵：無有怨敵。

行旅之人：雖然略有阻滯，但能成辦大事。

疾病：雖然久病不愈，病情嚴重，但無妨礙。欲以其他方法拔除病根，則困難重重。無有魔障及怨債。

修法：在此期間求戒，則穩如山王，定能如願以償。

丟失物：置於某處未動，如果有所移動，則難以找回。

來客及成事：一旦決定，應堅持到底，否則，成事之日將遙遙無期。

若問其他諸事，無有耽延則極爲勝妙。做請求及捨棄舊行等事以及動搖、摧毀之業，有若逆水行舟，極爲困難。

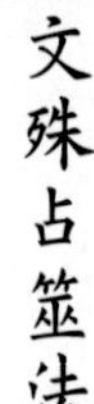

修伏藏法、束縛法及緊急之業極爲殊勝。依止增祿天母（ནོར་རྒྱུན་མ）等財神，建造佛塔，埋藏寶瓶，修持增業等，以及念誦佛眼菩薩及地藏王菩薩心咒，祈禱供養瑪哈嘎拉及娘舅護法更是如虎添翼。

此卦乃巨大壯觀之卦。

ན་ཧྲཱིཿ（南上）西方門尊

猶如打開寶藏之孔，主諸事興旺。

表示開掘東方寶藏之門，也可稱爲獲取奶中醍醐與海中摩尼寶。

家庭和生命：無有變遷，滿門興盛。

謀略與籌劃：穩妥，結局圓滿。

財運：如願以償。

怨敵：無有怨敵。

行旅之人：一路安寧，辦事順暢。

疾病：漸次痊癒，無有魔障。

修法：極爲上妙，依止金剛部、三部如來諸尊能有較大進展，尙應依止大力神、大忿怒主尊。

丟失物：已到別處，難以找回。

來客及成事：終究能成。

若問其他諸事，卦象均主吉，尤以採寶爲甚。依靠魔、妖、龍三尊能獲得好運，應對諸尊全部恭敬承事，祈禱地祇、當方神可保一方吉祥。

此卦乃新娘入宮之卦。

ཧྲཱི་ཨ（上下）文殊勇士

猶如手持摩尼珍寶，主心想事成。

表示：大樂智慧勇士云：「覺性智慧大妙力無偏增長。」

家庭和生命：恆定無礙，昌盛祺瑞。

謀略與籌劃：無欺無惑之正量，聞思總佛法，尤其密法時機大好。

財運：豐衣足食，財源滾滾。

怨敵：全部心悅誠服，對己恭敬頂禮。

行旅之人：平安順利。

疾病：自然消失，無有任何魔障。

罪戾：萬事亨通，無有怨債。

修法：禎祺圓滿，舒心悅意，能遂諸願。

丟失物：定能失而復得。

來客及成事：事事通暢。

若問其他諸事，則為能夠成辦之卦。

依止文殊勇士、蓮師、時輪金剛、真實本尊等諸尊，修持幻身、大圓滿、六支加行[30]，依止唐拉山神及袞波，做塑造佛像、修建佛塔、刻印經函等善事必能令運勢扶搖直上。

此卦乃三十六城主尊之卦，主智慧增長，成就勝妙。

དྷཱི་ར（上東）吉祥之結

[30] 六支加行：時輪金剛圓滿次第修煉氣息時，於所緣境上進行的收攝、禪定、運氣、持風、隨念和三摩地。

猶如趨至賞心悅目之花園暢遊玩賞。

表示：以明亮眼眸觀察稀奇之景觀。

家庭和生命：福瑞盈門，壽比南山。

謀略與籌劃：春風得意，如日中天。住處等地佳運高照，若與合作者協商會達成共識，其樂融融，神通紛至，行事方面也善妙穩妥。

財運：興高采烈地獲得財物。

怨敵：無有怨敵。

行旅之人：一路平安，俄頃即歸。

疾病：病痛迅疾消逝，無有魔障。

罪戾：無有罪戾，心寬意舒。

修法：無論心念如何，均有推波助瀾之效。

丟失物：迅速找回。

來客及成事：賓客光臨，辦事必成。

若問其他諸事，則心意如何，都能稱心如意。

依止除蓋障菩薩、頂髻尊勝母、大白傘蓋佛母等吉祥本尊，特別是依止勝樂金剛、金剛薩埵幻化網則更爲吉瑞，必定心想事成。若念誦《欲成頌》則善妙無疑。繼續祈禱以前內心念念不忘之本尊更是瑞氣逼人。

此卦乃賓客忠言勸告之卦。

དྷཱི་པ（上北）黃金瑞魚

猶如魚兒遨遊於海中，技藝長足進展，吉祥倍增。

表示：以甘露沐浴，歡喜增盛。

家庭：門庭光顯，家業興旺。

謀略與籌劃：大有起色。

財運：財運亨通。

怨敵：怨敵消失，所向無敵。

行旅之人：順利且按時回返。

疾病：病患息滅，無有魔障。

修法：善妙增上。

丟失物：失而復得。

來客及成事：正是時機成熟之際。

若問其他諸事，則均爲順利賢善之卦象。爲研讀醫方明之大好時機。

諷誦《寶積經》、《念住經》及零散佛經，作息、增護摩，依止彌勒菩薩則勝妙。

此卦乃心想事成，和睦相處之卦。

（上西）潔白法螺

猶如螺號發出悅耳之聲，卦象禎祺，讚譽鵲起。

表示奏出內心期盼之妙音。

家庭、生命、謀略與籌劃：萬事吉祥，可佇候佳音。尤其學習聲明與辯論等更是時通運

泰。

財運：將有新信息傳來。

怨敵：無有怨敵。

行旅之人：會攜喜訊而歸。

疾病：對生命沒有妨礙，僅爲心神不定等症。無有魔障。

修法：美譽紛至沓來。

丟失物：會得到新信息。

來客及成事：必定成功。

若問其他諸事，則均爲適宜之卦象。

依止普賢菩薩，念誦幢頂臂嚴佛母心咒等咒語，依靠四面護法及夜叉類護法。卦象適宜問答事宜。

此卦乃言傳訊息吉祥增上之卦。

（上南）黃金法輪

猶如王子獲得王位，卦象禎祺圓滿。

表示無勤獲取寶藏，神奇非凡。

家庭和生命：極其穩固吉祥。

謀略與籌劃：結局恆定善妙。尤其在世間法方面，將達至鼎盛巔峰時期。

財運：財源茂盛。

怨敵：主動權掌握於自己手中，能主宰一切。

行旅之人：大獲全勝，開心歡悅。

疾病：必定無礙，但因天神不快，故拖延時間略長。無有魔障。

修法：祺祥順利。

丟失物：他日定會找回。

來客及成事：稍有耽延，結局圓滿。

若問其他諸事，則均爲結果善妙之卦。

依止窩東（ཚོད་སྟོང）、閻羅、無上瑜伽部黑熱嘎及毗盧遮那佛等本尊，依靠頂髻轉輪忿怒明王、閻夏（ཀུར་ཞལ）護法及扎拉護法，念誦降魔咒則勝妙絕倫。

此卦乃榮登寶座之卦。

༼དྷཱི་དྷཱིཿ༽（上上）勝幢高懸

猶如因戰勝諸方而高豎之勝幢，主勝利吉祥，內心所想事業飛黃騰達。

表示：依憑如意至寶，妙果輾轉增上，極爲稀有神奇。

家庭和生命：家庭無有衰敗，極其勝妙。生命穩若金剛。

謀略與籌劃：善妙非凡，正是修持藥丸、寶劍、手幟等法門之良機。

財運：財源滾滾，紛紛聚積。宛若如意之

寶，一切所願皆能超勝滿足。

怨敵：無有怨敵。

行旅之人：順利回返。

疾病：疾患自然消逝，無有魔障及罪戾，

修法：猶如群星襯托之浩月般皎潔明亮，精進修持本尊，能獲極大成就。尤以學習因明更是最佳時機，定可脫穎而出。

丟失物：依靠密友指點，則能失而復得。

來客及成事：卦象吉祥。

若問其他諸事，則均爲相合之卦象。

依止真實、喜金剛、密集金剛及金剛手菩薩，則能增上善法資糧，大吉大利。供養六臂怙主則善妙。諷誦大圓滿法及《真實名經》，依止戰神格薩爾王護法則善妙。

此卦乃樹立寶幢之卦。

首先如前實施一次，再結合現境進行觀察。善妙的究竟善妙，不祥的終究不祥。若佛父佛母兩次結果顛倒，則應再次進行觀察。除重大事宜外，普通情況觀察一次足矣。

三十六種觀察取捨之法宣說如上。

（此後一段其他觀察法之描述，文字晦澀難懂，平時打卦也無需使用，故未翻譯。）

如是聲香味等等，輪涅所攝之諸法，

安立六六之卦象。察時與箭筮①結合，

欲觀察者之姓名，與彼相應之文字，

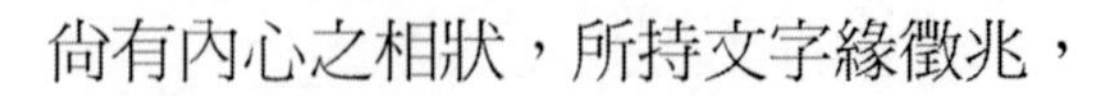

尚有內心之相狀，所持文字緣徵兆，
意念緣起相如何，如彼等等諸示現。
緣起卜術②之結果，外內密之諸大種，
種種徵兆相關聯。相應通達瑜伽士，
顯現緣起諸身門，了知三時之取捨。
其餘密咒方便法，虛空徵象燈與火，
水相聲音及明鏡，圓光③觀察占卜術。
文殊金剛密乘續，其他有緣諸智者，
觀察意中諸顯現，此即文殊金剛尊，
明咒法之執持者。心中明鏡之表面，
恆時顯現諸影像。

鐵龍年吉祥之日麥彭巴撰著完畢

願增吉祥！

（注：①、②、③均為其他預測吉凶之占卜法。）

觀音占卜法明鏡論

法王松贊干布 撰
索達吉堪布　譯

觀音占卜法儀軌

༄༅། །རང་ཉིད་ཐུགས་རྗེ་ཆེན་པོ་སྐུ་མདོག་དཀར།

讓涅特傑欽波哥多嘎，
自身觀爲大悲觀世音，

།ཞལ་གཅིག་ཕྱག་གཉིས་གསལ་བྱེད་མེ་ལོང་བསྣམས།

夏節確尼薩學美龍南，
身白一面二臂持明鏡，

།མདུན་དུ་སྒྲོལ་དཀར་རིགས་བཞི་བསྲུང་མའི་ཚོགས།

頓得卓噶熱些中麼措，
前方四部護法白度母，

།ཇོ་མཐོང་གསལ་བའི་ལེགས་ཉེས་དྲང་ཤན་རྣམས།

諾同薩為訥尼章先南，
精確預測吉凶眾尊主，

།འབྱེད་པའི་དཔང་པོར་བཞུགས་ལ་གསལ་བར་སྟོན།

學比皇波些拉薩瓦頓，
祈爲判斷見證而明示。

（念一遍）

之後念誦緣起咒：（念七遍）

།ཨོཾ་ཡེ་དྷརྨཱ་ཧེ་ཏུ་པྲ་བྷ་ཝཱ་ཧེ་ཏུནྟེ་ཥཱན་ཏ་ཐཱ་ག་ཏོ་ཧྱ་ཝ་དཏ། ཏེ་ཥཱཉྩ་ཡོ་ནི་རོ་དྷ་ཨེ་ཝཾ་ཝཱ་དཱི་མ་ཧཱ་ཤྲ་མ་ཎཿཡེ་སྭཱ་ཧཱ། ལན་བདུན།

嗡　耶達瑪黑德抓巴瓦　黑頓得堪達塔噶多哈亞挖達　得堪雜喲訥若達　誒望巴德瑪哈夏瑪呢耶索哈

བསྒོ་བསྒོ་དཀོན་མཆོག་གསུམ་དང་རྩ་བ་གསུམ།

索索！袞卻森當雜瓦森，
索索！三寶尊及三根本，

།ལྷ་མཆོག་ཐུགས་རྗེ་ཆེན་པོ་དང་།

拉卻特傑欽波當，
勝尊大悲觀世音，

།ཇོ་མོ་སྒྲོལ་དཀར་བསྲུང་མའི་ཚོགས།

覺莫卓噶中麼措，
白度母及護法眾，

།ཡུལ་ལྷ་གཞི་བདག་མངོན་ཤེས་ཅན།

業拉些達無n西見，
具神通之當方神，

།དེ་རིང་མོ་འདི་གསལ་བར་སྟོན།

得榮莫德薩瓦頓，
現今此卦說分明，

།ནོ་མཐོང་གསལ་བྱེད་ལེགས་ཉེས་རྣམས།

諾通薩學勒尼南，
精確預示凶吉尊，

།དྲང་ཤན་བྱེད་ལ་ལེགས་པར་སྟོན།

章先學拉勒巴頓，
準確判斷善宣示，

།ནོ་མཐོང་མོ་འདི་གསལ་བར་ཤོག

諾通莫德薩瓦學。
願得明確之卦象。

（念一遍）

（注：其中「得」字發音為 dei）

盡力念誦六字真言「嗡瑪呢巴美吽」（ཨོཾ་མ་ཎི་པད་མེ་ཧཱུྃ），心無疑惑而虔誠祈禱，大悲觀世音菩薩上師定能加持明示，一邊口中敘述所問事宜，一邊拋擲骰子，以所得卦象而判定。

ཨོཾ 海螺之山

無有動搖穩如山，本尊加被入雲端，尊身即為白海螺，乃是大梵天之卦。

殊勝正法之事宜，修何法門皆能成。家庭卦象妙且善，尤以婦女更祥禎。房宅財物之卦象，馬匹成群子嗣盛，山羊綿羊小牲畜，有死亡相當謹慎。

念誦度母蓮師咒，門前懸掛經旗等，蓮師心咒念十萬，諷誦白傘陀羅尼，則其結果極妙善，人丁興旺香火盛。刻印龍王十萬身，十萬泥塔細細做，精勤諷誦百字明，善做金橋佛事等，其果必然極賢勝。

若卜大事迅速成，區區小事有拖延。病患無有生命障。虎兔屬人極祥禧，屬鼠屬豬則主

凶，頭部上身病痛興。

魔王盤踞之處所，木鐵紅衣角皮等，黎明天亮之卯時，淡黃色之標誌物。或由東方前來至，頭具特殊相貌者，手中執持而帶至，置於宅中極高位。或由白色之物品，患者頭頸部繫帶，彼等導致魔作害。於上半夜之戌時，或做徵兆明顯夢，故誦忿怒蓮師咒，厲行除魔之儀軌，遺教心咒精進誦，念皈依偈印經旗，製作十萬觀音身。

壽命卦象無障礙，怨敵卦象無蹤影。追蹤強盜乃良機，訴訟爭論必獲勝，盜賊東及東南隅。巡杳之事千祥集，請求事宜效果具。播種莊稼獲豐收。出行之人頃刻離，天亮出發乃佳時，熏煙拋撒風馬吉。經商營賈得厚利。行人出發至須臾，或者聽聞其訊息，若未出發則難臨。上師以及官宦等，身於寶座未啓程。平凡士夫已上路，遠方貴客速駕臨，近處賓客卻難請。

丟失物品之卦象，東方高山之巔頂，山澗谷地白崖壁，白色記號之方域，迅速找回無懷疑。丟失微小之禮物，房屋宅地及高處，保險白色標誌處，詳加探尋必收回。

上師僧眾及俗眷，精進講經與修法，必定往生極樂刹。

མ 璀璨日輪

光明遣除四洲暗，天尊蔭蔽暫未現，熏煙供養護法吉，乃為天授國王卦。

修持正法諸事體，講經演法乃上吉，修行則有違緣現，念除道障需勵力。

家庭諸事均平安，老叟福星高掛天，馬牛羊有血光相，盜賊豺狼逞凶狂，壓敵除賊做則祥。精進念誦金光經，財神鼓鳴十地經，則有扶幼助壯功，若無幼童生女嬰。壓夭折鬼及鐵服，金剛橛法當勤行。事宜無論巨與細，精進而為則能成。

患者病情極重危。馬蛇年生相祺瑞，雞猴屬人災降臨，腎腰手足病痛生，地祇龍王乃禍根。或於凶險地困眠，觸犯妖怪顯怒容。魑魅附體者手擎，清晨辰時天方明，紅色四方之供品，氆氌布匹或嗶嘰。或為器皿紅色食，自南方位而來臨。四處遊方之僧茶，右手具標誌特徵，紅色乘騎而帶進，置於家中半高地。或由黃色紅色等，患者自己身上置，彼等即為魔害因。夜半二更亥時分，誘發病灶生起令。欲成頌及蓮師咒，馬頭明王遺教等，精勤念誦萬事興。

壽命卦象無凶星，怨敵頭上纏布巾，盜賊稍有小動行。熏燒桑煙撒風馬，壓服敵患須精

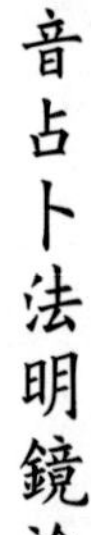

進。強盜土匪卦吉祥，追蹤之運不盛昌，何者糾察亂方向。訴訟爭端諸卦象，念黑官司勝對方。盜賊南及西南隅，黽勉精勤細搜尋，遇人悉知或聽聞，幾日之後將能獲。研討商榷之事情，雖費口舌終融融。

莊稼得遇豐收年。出門之人有耽延，旭日東昇啓程賢，稍有丟失物品相，經商獲利爲一般。賓客若未迅速至，則會延宕及拖延，獲得訊息須臾間。

丟失物品之卦象，南方陵谷半腰間，位於樹中或斷岩，前往尋找可回返，或依他人音訊斷。丟失細小之物件，附近門檻內外間，板壁罅隙前往地，彼處探察可找尋。

生於何處之卦象，俗眾孩童及女人，家中延請經懺僧，若其勵力勤諷誦，解脫經及金剛經，則生非天羅刹處。彼等若能修佛法，投胎印度得人身，出家僧及善趣生，且有某種果位成。僧人若護戒誓言，來世獲得比丘身，精勤念誦禮繞等，則能往生現喜刹。

ཏི 璁玉寶樹

松石寶樹吐芳華，芳香果實遍天下，乃爲轉輪王之卦。

常祈護法倏然斷，當供護法熏桑煙，供養

八部插風馬。

修持正法之卦象，一切所修均能成。家庭之卦主安寧，尤其上師高官等，發大悲心極祥禎。若有幼童主生病，或者年幼羊羔等，稍有凶相當熏香，摧魔沐浴則轉祥。

有無子息之事體，地水八卦欲相宜，當做泥塔刻普巴，再插等身真言旗，放生等善精勤作，具智嬰孩則落地。

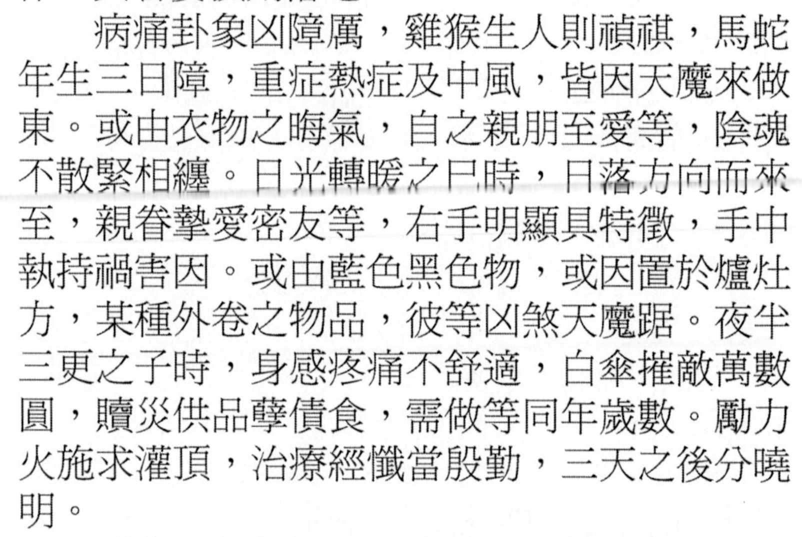

病痛卦象凶障厲，雞猴生人則禎祺，馬蛇年生三日障，重症熱症及中風，皆因天魔來做東。或由衣物之晦氣，自之親朋至愛等，陰魂不散緊相纏。日光轉暖之巳時，日落方向而來至，親眷摯愛密友等，右手明顯具特徵，手中執持禍害因。或由藍色黑色物，或因置於爐灶方，某種外卷之物品，彼等凶煞天魔踞。夜半三更之子時，身感疼痛不舒適，白傘摧敵萬數圓，贖災供品孽債食，需做等同年歲數。勵力火施求灌頂，治療經懺當殷勤，三天之後分曉明。

壽命卦象無煞祲，怨敵盜賊無動靜，丟失物品慎則祥。現今人心多浮躁，無有障礙令心焦。大事需與人合夥，雖有延緩有結果。區區小事難辦妥。

出兵征戰有血光，追蹤巡查能趕上。訴訟之事力相當。盜賊西或西北方，速速搜尋能落網。勤供衮波並熏桑，才可稍微將心放。

請求事宜眾說多，日後方能有結果。商量

之事主和合。

五穀豐登糧滿倉，稍有乾旱之徵象，供養八部則吉祥。

行人出門有耽擱，日暖時分上路和。生意興隆財源滾，回返行人已動身，啓程出發有一程。或有丟失物品相，言語粗暴帶血腥，事不能成且耽延。近處行人未啓程。

物品丟失之卦象，西方大江山谷口，自己尋找將彷徨，即使值遇於他鄉，也有困難把路擋，詢問他人細搜探，久耽失物方能返。丟失細微之物件，落於附近自身邊，已被他人所霸占，不得卦象極明顯。

轉生何處之卦象，上師僧眾卦吉祥，轉於報身剎土上，慈悲之心極增上。俗眾孩童及女人，精進念禮轉繞等，救護生靈勤放生。若是女人對父母，當極恭敬持孝心，百瑪尼石等壽刻，或插等歲之經旗，供養無數長明燈，如此而作人道中，轉爲具戒出家僧，或得具有大福報，喜愛正法之人身，身體具備一切根。

བད་ 遼闊大海

浩淼無垠大海炸，驚濤駭浪起喧嘩，乃爲羅剎王之卦。

天尊護佑相平庸，護法遭受晦氣熏，觸犯

天尊怒火生，護法動怒財神離。當修財神供護法，熏煙燒香沐浴等，除敵壓敵及縛匪，四面佛母回遮等，盡力行持除晦氣。

修持正法之卦象，任修何法遭魔殃，勵誦佛經度母法，欲成七句祈禱文，勤誦忿怒蓮師咒。若修誅法則能成。

家庭卦象乃中平，年輕婦女極祥禎，若有孩童也昌盛。男人遭受詛咒殃，回遮怨敵金剛爪，黑訴訟經勤念誦。馬牛羊相極普通，有損當念招財頌，陀羅尼集八千頌，精勤諷誦運飆升。猴雞之人魔纏身，念誦降伏夭折鬼，除魔鐵服可轉運。

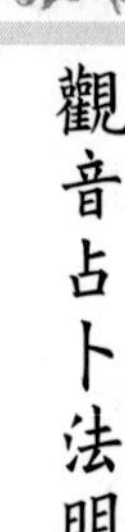

病疫之卦不太平，生肖鼠豬有福星，虎兔生人則主凶，涎病寒症相纏緊。正午日中午時分，自北方向而來至，絕後婦女之四肢，具有奇特之標誌。或者著魔人手中，黑色灶具類物品，或具金光物作害，彼爲魔女盤踞處。修長壽法壓魔女，長壽三尊或度母，一十萬身當細做，或者修持度母法，念誦贖死祥瑞生。夜半四更丑時分，出現凶惡之夢境，眾人共諷長壽咒，災難息滅轉祺禎。念誦藥師名號咒，治病服藥方對症。生命卦象當無妨，病患沉重應緊張。

不見勁敵出征相。內外盜賊引恐慌，當供地祇及八部，山上熏煙撒風馬，壓服敵患當勤做。

行事卦象不吉祥，大事終究會泡湯，區區

小事能辦成。

派兵征戰空手返，馬死鞍廢狼狽還，追蹤之事也難趕。

訴訟事宜終無果，盜賊北及東北角，凶地惡族處藏躲，長時偵察無下落。

請求開許不得允，尙會引發惡爭論。商量之事運不妙，開初融洽終分道，心中憤恨暗撥挑。

田地莊稼之卦象，冰雹仇敵把路擋，當供八部及龍王。

行人出門之卦象，敵賊均有當供桑。馬匹牲畜煞氣剛，幢頂臂嚴馬明王，此等佛事切莫忘，正午時分出門祥。

商賈之事不順暢，慘澹經營本賠光。回程尙未把路上，往後拖延時極長。口中抱怨元氣傷。近處行人現已返，帶來喜訊及笑顏。

若想追查丟失物，北方河邊大山谷，投靠他人自親屬，已經獲得莫辛苦。倘若失散細小物，自己前行之方向，意想不到某地方，黑色扁平標誌處，查尋隨即可歸主。或者落他人手中，詳加盤查不落空，或者根本未散失。

轉生何處若尋訪，將墮旁生之列行，愚癡痛苦實難當。彼若行善則能防，轉繞念誦百字明，無垢懺悔續等等，大量諷誦當精勤，解救無數之生命。則於贍洲之中土，獲得修法之人身，或爲修法乞丐身，頂禮朝聖極殷勤，彼等壽數圓滿後，吉祥殊勝之剎土，如海空行中誕生。

མེ་ 火山爆發

火山岩漿猛噴發，此生福德被燒塌，乃爲龍妖王之卦。

護佑天尊遭鎩羽，名譽運數皆背離，常供護法與妖精，倏然中斷卦象具。不得安寧互相嫉，當於彼等多供祈，酬補懺悔當勵力。

或爲攜童之婦女，做客帶來咒晦氣，家中天尊被趕驅，當遣魔女做靈器。

修持正法之運氣，修行很難達目的，欲成除十方暗等，精勤念誦有裨益，諷誦事宜當能成，頂禮轉繞有福礽。

家庭卦象不景氣，婦女老人主凶禮，兒童也有壞遭遇。男士遭受詛咒殃，或遇刀槍等兵器，焰口母替死儀軌，四百禳災除障蔽，十三週期等勤作，縛敵除敵做則利。

馬牛羊等厄運生，小畜禽帶血光運，護牲畜咒賢劫經，勤念還需修財神。

膝下有無子嗣相，命中血脈將絕光，若將龍王寶瓶藏，十萬水施供當方，地藏十輪經勤誦，龍王悉地現曙光，許有女嬰會臨降。

疾患卦象主凶煞，狗龍生人乃吉卦，牛羊年生違緣大。膽病重症齊宣戰，乃爲灶塘晦氣

旋，皆因妖精被觸犯，興妖作怪鬧翻天。供妖靈器把運轉。日方偏西未時分，羅刹獨腳鬼攀附，俗家男子或僧苯，位於附近某一處，身著黑衣腳開步，手中攜帶具縫物，或者具有圖案物，或許紅皮及紅肉，或為具有紅光物。患病之人已目睹，故而死魔糾纏彼。寅虎之時夜將盡，患者靈魂四處飄，伏魔靈器長壽經，焰口替死精進行，四百禳解招魂魄，避死需念大藏經，馬頭大鵬金剛手，大威德法需灌頂，顛簸之路修整平，才可保得一條命。或者離鄉去飄蕩，頂禮朝聖轉繞忙，治病服藥無影響。

身壽之卦土壽斃，敵人也來興風雨，門裡門外盜匪集，酬補天尊方能吉。猛獸四大來為敵，精進念誦大白傘，天地八現吉祥積。行事之卦不如意，未能成功悔莫及，無論事情巨與細，均以不成而答予。

出兵打仗則吉祥，敵方財物落己倉，敵情出現需焚香。追蹤之事空手返，悔恨不悅遭責難，若打官司已敗訴，遭人嘲笑與挖苦，竊賊潛藏於近處，長時尋找無門路，請求事宜遇梗阻。

若問商榷之卦象，開初會晤不順暢，終究無法通商量。田中莊稼遭霜降，白類資財中平相，裝飾護法勤供養，天尊歡愉方吉祥。

出行之人須臾至，但有血腥爭吵事，或許目的未達至，速速熏煙並禱祀，下午出門乃吉時。

經商之人遭重創。若問行人可還鄉，尚未歸來羈他方，近處行人路未上。

丟失物品之卦象，夕陽隱沒之方向，附近紅色斷岩處，快速找尋莫延宕，否則若撈水月光。丟失細小物品相，落入昏暗之羅網，路遙找回不得方，或者被人帶他鄉。

若問降生於何處，多行殺生命債負，供養水燈做泥塔，布施乞丐窮人家，魚狗螞蟻等生靈，常行施捨不落空。否則墮入餓鬼中，蒙受飢渴之苦痛。需以巨大之善根，方能投胎得人身，修持正法具福分，普陀殊勝之山中，觀音剎土中誕生，獲得菩薩之勝果。

ཧཱུྃ 堅固金剛

堅韌牢固之金剛，金剛岩石無遷變，乃爲松贊干布卦。

法王松贊干布尊，開創正法之初期，也即出現此卦象。天尊蔭蔽高入雲，若爲壯年男子身，十三護法護佑勤。

修持正法之命運，無法不成極祥禎，尤其生圓次第法，證悟之日現光明。

家庭卦象主太平，男士乘騎均上吉。兒童沾染凶煞氣，婦女則主病患罹。家豢牛羊等畜禽，及小牲畜有血腥，或有豺狼來襲擊。念誦

十萬蓮師咒，具光佛母陀羅尼。

若問可否有子女，獨苗一根血緣續。病痛折磨長時期，牛羊年生則主吉，狗龍生人稍凶祲，皆因前世之業力。或爲日西之申時，中魔賓客前來至，手中執持著武器，帶來昂貴之物具，患者自己身上越，彼爲境魔糾纏地。東方發白之卯時，病灶由此而生起。或爲黃昏之酉時，喧鬧女人惡魔具，手持藍色或黑色，水風洩露之物品，接受即會遭厄運。長壽修法及灌頂，沐浴焚香做則利。藥物療法可對治，病期雖長但無咎。

生命之卦無死相，怨敵卦象敵忽降。雖有盜賊但無妨。若問行事之卦象，暫時拖延終能成。出兵打仗必延宕，怨敵若伏則吉祥。追蹤事宜可俘獲，若有訴訟得勝果，暫時結果難定奪。盜賊已潛至遠方，設使尋找必落網。請求之事得開許，商討事宜主齊心。若問田地之收成，五穀豐登倉滿盈。

行人出門之卦象，稍有耽擱但無妨，傍晚出門則吉祥。經商營賈已獲勝，盈利豐厚財源滾。回返行人速登門，倘若尚未進門檻，回程則必有拖延，終與摯友齊回還。若於近處須臾返。

丟失物品之卦象，已到邊遠之地方，樹木以及黑色處，自己尋找稍疲憊，聽人口訊則能歸。倘若丟失小物品，自己身邊可找尋。

若問投生於何處，因貪他人之財物，害心

焚毀自相續，與人爭論及毆鬥，需以禁食齋戒贖。精勤念頌普賢品，般若攝頌真實名，灌頂十萬瑪尼等，若不施行地獄生。若做彼等之善根，不難趣入解脫道。若為具戒出家僧，棄惡揚善精進行，密嚴剎土中誕生。

以上文字乃為觀音菩薩賜予法王松贊干布之占卜法。

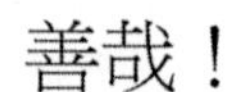

善哉！

附　錄

黃財神咒：

ཨོཾ་ཛམྦྷ་ལ་ཛ་ལེནྡྲ་ཡ་དུས་དུས་མ་མ་ཀུནྡེ་ཀུནྡེ་སྭཱ་ཧཱ།

嗡匝靶拉雜聯札雅 兌兌嘛嘛 沽奈沽奈娑哈

釋迦牟尼佛心咒：

ཨོཾ་མུ་ནེ་མུ་ནེ་མ་ཧཱ་མུ་ནེ་ཡེ་སྭཱ་ཧཱ།

嗡牟尼牟尼 嘛哈牟尼耶娑哈

藥師佛心咒：

ཏདྱ་ཐཱ། ཨོཾ་བྷཻ་ཥ་ཛྱེ་བྷཻ་ཥ་ཛྱེ་མ་ཧཱ་བྷཻ་ཥ་ཛྱེ། རཱ་ཛཱ་ས་མུདྒ་ཏེ་སྭཱ་ཧཱ།

達雅塔 嗡貝卡宰貝卡宰 嘛哈貝卡宰 惹雜薩牟噶代娑哈

具光佛母心咒：

ཨོཾ་མཱ་རཱི་ཙྱེ་སྭཱ་ཧཱ།

嗡嘛日再雅娑哈

五隅十三尊咒：

ཨོཾ་མ་ཎི་དྷ་རི་བཛྲ་མཧཱ་པྲ་ཏི་ས་རི་ཧཱུྃ་ཧཱུྃ་ཕཊ་སྭཱ་ཧཱ།

嗡嘛呢達日班雜日嘛哈巴日提薩日吽吽呸娑哈

白傘蓋佛母咒：

ཨོཾ་ཧཱུྃ་མ་མ་ཧཱུྃ་ནི་སྭཱ་ཧཱ།

嗡吽嘛嘛吽尼娑哈

二十一度母心咒：

ཨོཾ་ཏཱ་རེ་ཏུཏྟཱ་རེ་ཏུ་རེ་སྭཱ་ཧཱ།

嗡答熱嘟答熱嘟熱娑哈

附錄一

馬頭明王咒：

ཨོཾ་ཧྲཱིཿ་པདྨ་ཏ་ཀྲི་ཏ་ཡ་ཧྒྲཱི་ཝ་ཧྲཱིཿ་ཧཱུྃ་ཕཊ།

嗡舍叭嘛答嗝熱哈雅給日瓦舍吽呸

不動明王咒：

ཨོཾ་ཙཎྜ་མཧཱ་རོ་ཥ་ཎ་ཧཱུྃ་ཕཊ།

嗡簪咋嘛哈若卡那吽呸

摧魔金剛咒：

ན་མཿཙཎྜ་བཛྲ་ཀྲོ་དྷཱ་ཡ་ཧུ་ལུ་ཧུ་ལུ་ཏིཥྛ་ཏིཥྛ་བནྡྷ་བནྡྷ་ཧ་ན་ཧ་ན་ཨ་མྲི་ཏེ་ཧཱུྃ་

ཕཊ།

納嘛箸扎班雜日啞日達雅呼嚕呼嚕堤楂堤楂阪達阪達哈
納哈納阿彌日代吽呸

護世天王金剛手咒：

ཨོཾ་བཛྲ་པཱ་ཎི་ཧཱུྃ།

嗡班雜日巴呢吽

大威德心咒：

ཨོཾ་ཡ་མནྟ་ཀ་ཧཱུྃ་ཕཊ།

嗡雅曼答嘎吽呸

如來金剛亥母咒：

ཨོཾ་ཧྲཱི་བཛྲ་བཱ་ར་ཧི་ཨཱ་ཧཱུྃ་ཧཱུྃ་ཕཊ་སྭཱཧཱ།

嗡嘻日班雜日拔惹嘿阿吽吽呸娑哈

大黑怙主咒：

ཨོཾ་མ་ཧཱ་ཀཱ་ལ་ཧཱུྃ་ཕཊ།

嗡嘛哈嘎啦吽呸

金剛薩埵心咒：

ཨོཾ་བཛྲ་ས་ཏྭ་ཧཱུྃ།

嗡班雜日薩埵吽

蓮華生人師心咒：

ཨོཾ་ཨཱཿ་ཧཱུྃ་བཛྲ་གུ་རུ་པདྨ་སིདྡྷི་ཧཱུྃ༔

嗡阿吽班雜日咕汝叭嘛色德吽

觀音心咒：

ཨོཾ་མ་ཎི་པདྨེ་ཧཱུྃ༔

嗡嘛呢叭美吽

譯序

淨除業障百咒功德，是藏地眾所周知的大成就者全知麥彭仁波切慈憫濁世罪業深重的眾生，而從如海的經續中摘錄出來的，對我們來說實在是不可多得的摩尼寶，這一點通過閱讀此功德文便可一清二楚。相信每一位智者絕不會對這些咒語不可思議的功德有絲毫懷疑。

我們應當明白的是，每一咒語均是佛菩薩的真實化現，如《寶積經》中云：「明咒、妙藥、秘方、緣起力不可思議，諸佛菩薩的方便、等持、神變的行境更是不可思議。」

作爲修行人的我們，只有自身的罪障清淨，才能顯現修行的境界，蓮花生大士也親口說過：罪業若得清淨，自然現前證悟。無論是受過別解脫戒、菩薩戒、密乘戒三戒，或只受了一、兩戒的人，有意無意難免會出現違犯佛制罪的現象，即便是未受戒的人，無始以來也積累過多如山王般的自性罪。每一位希求解脫的人對成就的心情都急不可待，但如果罪障未能得以清淨，那麼成就對他來說只能是一種嚮往罷了。

在大慈大悲、救苦救難的觀世音菩薩所化刹土藏地雪域，無論是寺院還是城鄉村落，到處可見將咒語刻在石頭上壘成石堆、印在彩色綢緞上做成經旗幡或者做成轉經輪而成爲人們轉繞對境的現象，並且隨時隨地都能聽到僧俗持誦這些咒語。許多老修行人將百咒作爲每日必不可少的功課，終生持之以恆念誦。而且對亡人念誦百咒迴向，也是從古至今的一種優良傳統。

然而在漢土的情景卻與此大不相同，經常遇到許多佛教徒愁眉苦臉地說「我業障深重、業障深重」，這似乎已成了口頭禪，但真正能誦咒懺悔罪業的人卻屈指可數。爲了利益如今以及後代的有緣信眾，我今將此百咒功德譯成漢文。在翻譯此文的過程中，發現青海出版的藏文本與德格印經院的版本有些出入，想到咒語難以用分別念來揣度，經過再三思量，反覆觀察，最終以德格印經院的藏文版本爲準而譯。

在此有必要說明的一點是：持誦此百咒者，最好是得受過無上密法灌頂的人，因爲這其中的許多密咒都牽涉到無上密法。

還要提醒大家的是：在念誦咒語時，不能有任何懷

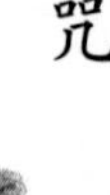

疑或試探的心態，而要將這些咒語作真佛想，誠心誠意持誦。

對於想要清淨罪業、獲得成就的人來說，誰會不依止這樣千載難逢的如意寶呢？

祈願依此能令無數眾生的彌天大罪得以清淨，獲得暫時與究竟的大樂！

二〇〇三年八月二日（釋尊轉法輪日）
譯於色達喇榮

༄༅། །ལས་སྒྲིབ་རྒྱུན་གཅོད་ཀྱི་སྔགས་བརྒྱ་པ་བཞུགས་སོ། །

淨除業障百咒

全知麥彭仁波切　輯
索達吉堪布　　譯

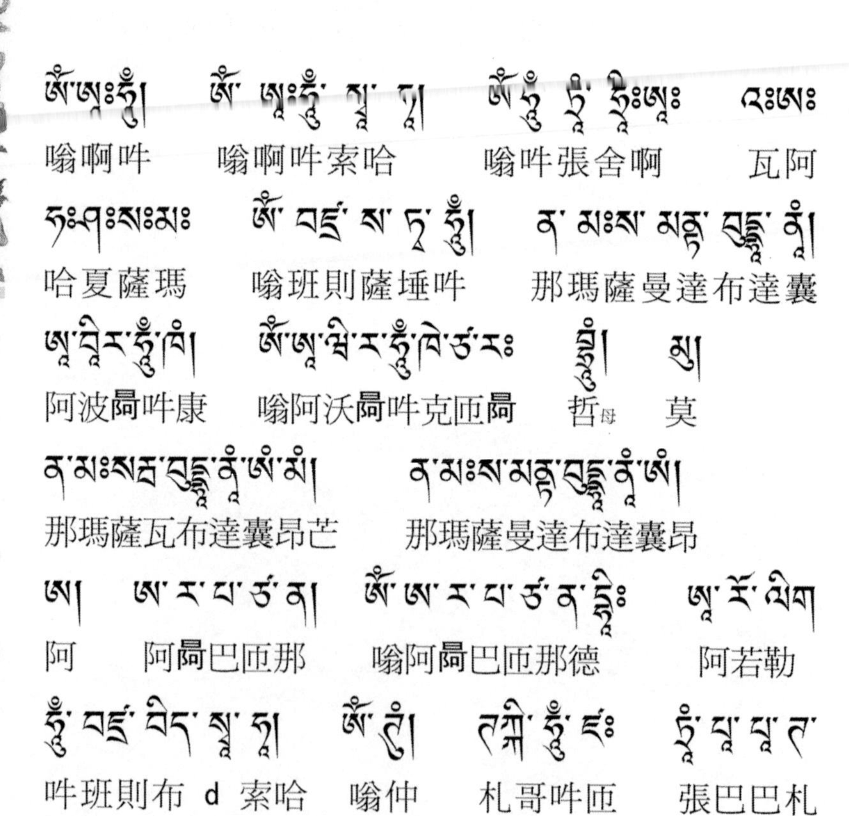

ཨོཾ་ཨཱཿཧཱུྃ། ཨོཾ་ ཨཱཿཧཱུྃ་ སྭཱ་ ཧཱ། ཨོཾ་ཧཱུྃ་ ཏྲཱཾ་ ཧྲཱིཿཨཱཿ ཝཿཨེཿ
嗡啊吽　嗡啊吽索哈　嗡吽張舍啊　瓦阿

ཧཿཤཿསཿམཿ ཨོཾ་ བཛྲ་ ས་ ཏྭ་ ཧཱུྃ། ན་ མཿས་ མནྟ་ བུདྡྷཱ་ ནཱཾ།
哈夏薩瑪　嗡班則薩埵吽　那瑪薩曼達布達囊

ཨཱ་བྲི་ར་ཧཱུྃ་ཁཾ། ཨོཾ་ཨཱ་ཝི་ར་ཧཱུྃ་ཁེ་ཙ་རཿ ཛྲཱུཾ། མྲུཾ།
阿波鬲吽康　嗡阿沃鬲吽克匝鬲　哲母　莫

ན་མཿསརྦ་བུདྡྷ་ནཱཾ་ཨཾ་མཾ། ན་མཿས་མནྟ་བུདྡྷ་ནཱཾ་ཨཾ།
那瑪薩瓦布達囊昂芒　那瑪薩曼達布達囊昂

ཨ། ཨ་ར་པ་ཙ་ན། ཨོཾ་ཨ་ར་པ་ཙ་ན་དྷཱིཿ ཨཱ་རོ་ལིག
阿　阿鬲巴匝那　嗡阿鬲巴匝那德　阿若勒

ཧཱུྃ་ བཛྲ་ པིད་ སྭཱ་ ཧཱ། ཨོཾ་ ཊྲཱུཾ། ཊཀྐི་ ཧཱུྃ་ ཛཿ ཧྲཱིཾ་ པཱ་ པཱ་ ཊ
吽班則布 d 索哈　嗡仲　札哥吽匝　張巴巴札

ཛ་ཧ་ཧ། ཨོཾ་རུ་ཙི་རུ་ཙི་ཧཱུྃ་ཕཊ༔ ཨོཾ་བཛྲ་ཙཀྲ་ཧཱུྃ།

札哈哈 嗡熱哲熱哲吽啪達 嗡班則匝札吽

ཨོཾ་ག་ག་ན་སཾ་བྷ་བ་བཛྲ་པྲ་ཙ་ཧོ། ཨོཾ་མེ་དྷི་དྲིཀྵ་ཙེ་ཏེ་

嗡嘎嘎那桑巴瓦班則巴匝吙 嗡美哲智 d 哈紫德

ཏིཥྛ་ཧོ། ཨོཾ་ཝཱ་ཀྱེ་དཾ་ན་མཿ ཨོཾ་ཨཱ་མུ་ཧཱུྃ་སྭཱ་ཧཱ། ཨོཾ་

地叉吙 嗡瓦傑當那瑪 嗡阿莫吽索哈 嗡

ཨ་མྲི་ཏ་བིནྡུ་ཛྭ་ལ་མ་ཧཱ་སུ་ཁ་སྭཱ་ཧཱ། ཨོཾ་བཛྲ་པུ་ཥྤེ་ཧཱུྃ།

阿莫達奔德匝瓦瑪哈色卡索哈 嗡班則巴訥吽

ཨོཾ་སཱུཾ་ཤཱཿཀ་ཡ་སྭཱ་ཧཱ། ཨོཾ་བཛྲ་གནྡྷ་ཧཱུྃ། ཨོཾ་སརྦ་

嗡桑舍嘎雅索哈 嗡班則嘎巴吽 嗡薩瓦

བིདྱ་སྭཱ་ཧཱ། ཨོཾ་སརྦ་བིད་ཧཱུྃ། ཨོཾ་ཛ་ཛ་ཧཱུྃ།

布得雅索哈 嗡薩瓦布 d 吽 嗡札札吽

ཨོཾ་སརྦ་ནེ་ཝ་ར་ཎ་བིཥྐཾ་བྷི་ནེ་སྭཱ་ཧཱ། ཨོཾ་ནེ་ས་ར་ཡ་

嗡薩瓦訥瓦鬲那布江布訥索哈 嗡訥薩鬲雅

སྭཱ་ཧཱ། ཨོཾ་ཨཀྲོ་ཧཱུྃ་ཕཊ། ཨོཾ་སརྦ་མནྟྲ་ཙེ་ཏ་ནཾ་ཀྲེ་

索哈 嗡阿嘉吽啪達 嗡薩瓦曼札訥達囊傑

མཾ་རཾ་ཧཱུྃ་ཀྲཿཧ། ཨོཾ་ཨཱ་ཀཱ་ཤ་གརྦྷ་ཡ་སྭཱ་ཧཱ། ཨོཾ་ཀྲེ་ཧཿཏྭ་

芒讓吽嘉哈 嗡阿嘎夏嘎巴雅索哈 嗡傑哈鬲

ཛྭ་སྭཱ་ཧཱ། ཨོཾ་ཨཀྲ་ཡ་མ་ཏི་སྭཱ་ཧཱ། ཨོཾ་ག་ག་ན་གཉྫཿ

匝索哈 嗡阿嘉雅瑪德索哈 嗡嘎嘎那甘湊

གཾ་སྭཱ་ཧཱ། ཨོཾ་རཏྣ་པྲ་ཏི་ར་མུ་སྭཱ་ཧཱ། ཨོཾ་སྭཱ་ག་ར་མ་ཏི་

剛索哈　　嗡哐那巴訥哐莫索哈　　嗡薩嘎哐瑪德

ས་ར་སྭཱ་ཧཱ། ཨོཾ་རཏྣ་ཀཱ་རཿཤྲཱིཿརཏྣ་དད་སྭཱ་ཧཱ། ཨོཾ་ས་

薩哐索哈　　嗡哐那嘎哐舍哐那達 d 索哈　　嗡薩

མཎྜ་ཛྲ་ཏ་སཾ་སྭཱ་ཧཱ། ཨོཾ་ཀྲི་ཏི་གརྦྷ་ཀྲིཾ་སྭཱ་ཧཱ། ཨོཾ་མ་ཧཱི་

曼達巴札桑索哈　嗡傑德嘎巴江索哈　　嗡瑪訥

བཛྲ་ཧཱུཾ། ཨོཾ་མ་ཧཱི་དྷཱ་རི་ཧཱུཾ་ཕཊ། ན་མ་སྟྲཻ་ཡ་དྷྲི་ཀཱ་ནཾ་

班奏吽　　嗡瑪訥達熱吽啪達　　那美追雅德嘎囊

ཏ་ཐཱ་ག་ཏ་ནཾ། ཨོཾ་ཨཪྻ་པ་ར་ཀྲོ་ཀི་སྭཱ་ཧཱ། ཨོཾ་སྭཱ་སྟེ་ཀ་

達塔嘎達囊　　嗡耶達巴哐波革索哈　　嗡索德嘎

མཱ་ལཱ་ཀྲི་བི་པུ་ལ་སཾ་བྷ་བ་དྷརྨ་དྷཱ་ཏུ་གོ་ཙ་རེ་སྭཱ་ཧཱ།

瑪拉傑波布拉桑巴瓦達瑪達德果匝熱 e 索哈

ཨོཾ་བཛྲ་ཙཎྜ་སརྦ་དུཥྚཱན་ཏ་ཀ་ཧ་ན་ད་ཧ་པ་ཙ་ཧཱུཾ་ཕཊ།

嗡班則贊札薩瓦地占達嘎哈那達哈巴匝吽啪達

ཨོཾ་སུཾ་བྷ་ནི་སུཾ་བྷ་ཧ་ར་ཙ་ར་མ་ཧཱ་པྲ་ཤ་མ་རུ་ཏ་ཨ་མོ་གྷ་……

嗡松巴囊松巴哈哐匝哐瑪哈巴夏瑪熱達阿姆嘎

བཛྲ་ས་ཏྭ་སྭཱ་ཧཱ། ཨོཾ་མུ་ནི་མུ་ནི་སྨ་ར་སྭཱ་ཧཱ། ཨོཾ་ཨ་ཛི་

班則薩埵索哈　嗡莫訥莫訥瑪哐索哈　　嗡阿則

ཏཛེ་ཡ་སརྦ་ས་ཏྭ་ས་མ་ཡ་མ་ནུ་ག་ཏ་སྭཱ་ཧཱ། ཨོཾ་ཨཱ་ཤྲཻཿ

單匝雅薩瓦薩埵薩瑪雅瑪訥嘎達索哈　　嗡阿舍

སིཾ་ཧ་ན་ད་ཧཱུྃ་ཕཊ། ཨོཾ་པདྨ་ཧྲྀ་ར་ཧྲ་གི་ཧཱུྃ་ཕཊ། ཨོཾ་

桑哈那達吽啪達　嗡班瑪達啹達革吽啪達　嗡

པདྨ་ནི་ར་ཏེ་ཤྭ་ར་ཧྲི་ཧཱུྃ་ཕཊ། ཨོཾ་རཏྣ་ཨ་གྲ་ཨ་བྲ་ཏེ་ཧ་

班瑪訥啹得秀啹舍吽啪達　嗡啹那阿札阿匝德哈

ཏ་ཧཱུྃཿཕཊ། ཨོཾ་ཧྲཱིཿཏྲཻ་ལོ་ཀྱ་བི་ཛ་ཡ་ཨ་མོ་གྷ་པཱ་ཤ་ཨ་བྲ་ཏི་

達吽啪達　嗡舍追洛嘉波匝雅阿姆嘎巴夏阿匝德

ཧ་ཏ་ཧྲཱིཿཧ་ཧཱུྃ་ཕཊ་སྭཱ་ཧཱ། ཨོཾ་ཧ་ལ་ཧ་ལ་ཧྲཱིཿཔདྨ་གརྦྷ་ཧཱུྃ་

哈達舍哈吽啪達索哈　嗡哈拉哈拉舍班瑪嘎爾巴吽

ཕཊ་སྭཱ་ཧཱ། ཨོཾ་པདྨ་ཨ་ལཾ་ཀཱ་ར་ཧཱུྃ་ཕཊ་སྭཱ་ཧཱ། ཨོཾ་བཛྲ་

啪達索哈　嗡班瑪阿朗嘎啹吽啪達索哈　嗡班則

དྷརྨ་ཧྲཱི་ཏ་ཧཱུྃ་སྭཱ་ཧཱ། ཨོཾ་ཛྲུཾ་ཧྲཱིཿཧ་ཧཱུྃ་སྭཱ་ཧཱ། ཨོཾ་མ་ཎི་

達爾瑪達德吽索哈　嗡哲母舍哈吽索哈　嗡瑪訥

པདྨེ་ཧཱུྃ། ཨོཾ་པདྨོ་ཥྞཱིཥ་བི་མ་ལེ་ཧཱུྃ་ཕཊ། ཨོཾ་ཨ་མོ་གྷ་

巴美吽　嗡班姆訥卡波瑪累吽啪達　嗡阿姆嘎

ཙིནྟཱ་མ་ཎི་པ་ར་ད་པདྨེ་ཛྭ་ལ་ཛྭ་ལ་ན་ཧྲུ་ཛེ་ཧཱུྃ། ཨོཾ་ཨ་མོ་

增達瑪訥巴啹達班美卓拉卓拉那波賊吽　嗡阿姆

གྷ་བཻ་རོ་ཙ་ན་མ་ཧཱ་མུ་དྲཱ་མ་ཎི་པདྨེ་ཛྭ་ལ་པྲ་བརྟ་ཡ་ཧཱུྃ།

嘎背若匝那瑪哈莫札瑪訥班美卓拉匝巴爾達雅吽

ཨོཾ་ཨ་མོ་གྷ་མཎྜལ་པདྨ་ཨ་བྷི་ཥེ་ཀཾ་མ་ཎི་བཛྲེ་སཏྭ་ཏ་ཐཱ······

嗡阿姆嘎曼札拉班瑪阿波克剛瑪訥班賊薩瓦達塔

ག་ཏ་ཡ་ཧྲི་ཁ་ཀེ་ཧཱུྃ། ཨོཾ་ཨ་མོ་གྷ་པཱུ་ཛ་མ་ཎི་པདྨེ་བཛྲེ་

嘎達阿波克給吽　　嗡阿姆嘎波匝瑪訥班美班賊

ཏ་ཐཱ་ག་ཏ་བི་ལོ་ཀི་ཏེ་ས་མནྟ་པྲ་ས་ར་ཧཱུྃ། ཏདྱ་ཐཱ། ཨོཾ་

達塔嘎達波洛各得薩曼達匝薩日阿吽　　達雅塔　嗡

མུ་ནེ་མུ་ནེ་མ་ཧཱ་མུ་ན་ཡེ་སྭཱ་ཧཱ། ན་མོ་བྷ་ག་ཝ་ཏེ་སརྦ་

牟尼牟尼瑪哈牟尼耶索哈　　那莫巴嘎瓦得薩瓦

དུར྄་ག་ཏེ་པ་རི་ཤོ་དྷ་ནི་རཱ་ཛཱ་ཡ། ཏ་ཐཱ་ག་ཏཱ་ཡ། ཨརྷ་ཏེ་

德爾嘎德巴熱秀達訥日阿匝雅　　達塔嘎達雅　阿爾哈得

སམྱག་སཾ་བུད་དྷཱ་ཡ། ཏདྱ་ཐཱ། ཨོཾ་ཤོ་དྷ་ནེ་ཤོ་དྷ་ནེ།

薩m雅g桑布d達雅　達雅塔　嗡秀達內秀達內

སརྦ་པཱ་པཾ་བི་ཤོ་དྷ་ནེ། ཤུད་དྷེ་བི་ཤུདྡྷེ། སརྦ་ཀརྨ་ཨཱ་

薩瓦巴幫波秀達內　　謝d德波謝d得　薩瓦嘎瑪阿

ཝ་ར་ཎ་བི་ཤུད་དྷེ་སྭཱ་ཧཱ། ན་མོ་རཏྣ་ཏྲ་ཡཱ་ཡ། ཨོཾ་ཀཾ་ཀ་

巴日阿那波謝d得索哈　那莫日阿那札雅雅　嗡剛嘎

ནི་ཀཾ་ཀ་ནི། རོ་ཙ་ནི་རོ་ཙ་ནི། ཏྲོ་ཊ་ནི་ཏྲོ་ཊ་ནི། ཏྲཱ་

訥剛嘎訥　　若匝訥若匝訥　　卓札訥卓札訥　札

ས་ནི་ཏྲཱ་ས་ནི། པྲ་ཏི་ཧ་ན་པྲ་ཏི་ཧ་ན། སརྦ་ཀརྨ་པ་

薩訥札薩訥　　札德哈那札德哈那　　薩瓦嘎瑪巴

རཾ་པ་རཱ་ཎི་མེ་སརྦ་ས་ཏྭཱ་ནཉྩ་སྭཱ་ཧཱ། ན་མོ་རཏྣ་ཏྲ་ཡཱ་

讓m巴日阿訥美薩瓦薩埵難匝索哈　那莫日阿那札雅

ཡ། ན་མོ་རཏྣ་ག་ཝ་ཏེ། ཨ་མི་ཏ་བྷཱ་ཡ། ཏ་ཐཱ་ག

雅　那莫巴嘎瓦得　阿莫達巴雅　達塔嘎

ཏཱ་ཡ། ཨརྷ་ཏེ་སམྱཀྶཾ་བུདྡྷཱ་ཡ། ཏདྱ་ཐཱ། ཨོཾ་

達雅　阿爾哈得桑m雅g桑波d達雅　達雅塔　嗡

ཨ་མི་ཏེ། ཨ་མི་ཏཱ། ཨ་མི་ཏོདྦྷ་ཝེ། ཨ་མི་ཏ་སཾ

阿莫得　阿莫達　阿莫鬥巴喂　俄莫達桑

བྷ་ཝེ། ཨ་མི་ཏ་བི་ཀྲཱནྟེ། ཨ་མི་ཏ་བི་ཀྲཱནྟ་ག་མི་ནི།

巴喂　阿莫達波占得　阿莫達波占達嘎莫訥

ག་ག་ན་ཀཱིརྟི་ཀ་རེ་སརྦ་ཀརྨ་ཀླེ་ཤ་ཀྵ་ཡཾ་ཀ་རི་སྭཱ་ཧཱ།

嘎嘎那各德嘎熱薩瓦嘎瑪累夏嘉恙嘎熱索哈

ཨོཾ་རཏྣེ་རཏྣེ། མ་ཧཱ་རཏྣེ། རཏྣ་སཾ་བྷ་ཝེ།

嗡扃達內扃達內　瑪哈扃達內　扃那桑巴喂

རཏྣ་ཀི་རཏྣེ། རཏྣ་མཱ་ལ། བི་ཤུདྡྷེ་ཤོ་དྷ་ཡ་སརྦ་

扃那革扃達內　扃那瑪拉　波謝d得秀達雅薩瓦

པཱ་པཾ་ཧཱུཾ་ཕཊ། ཨོཾ་ཨ་མོ་གྷ་ཨ་པྲ་ཏི་ཧ་ཏ། སརྦ་ཨཱ་

巴幫吽匝札　嗡阿莫嘎阿札德哈達　薩瓦阿

བ་ར་ཎ། བི་ཤོ་དྷ་ནི། ཧ་ར་ཧ་ར་ཧཱུཾ་ཕཊ། ཨོཾ་

巴扃那　波秀達訥　哈扃哈扃吽啪達　嗡

བཛྲ་དྷཱུ་ཤ་ནི་སྭཱ་ཧཱ། ཨོཾ་ལོ་ཙ་ནི་བ་ས་དེ་སྭཱ་ཧཱ། ཨོཾ་

班則達德秀熱索哈　嗡洛匝訥瓦色得索哈　嗡

པཱ་ཎ་ཛ་རི་བཱ་སི་ནི་བ་ར་དེ་སྭཱ་ཧཱ།　　ཨོཾ་མཱ་མ་ཀཱི་ཀི་རི་ཀི་རི་

巴那札熱瓦色訥瓦囑得索哈　　嗡瑪瑪格格熱格熱

སྭཱ་ཧཱ།　　ཨོཾ་ཏཱ་རེ་ཏུཏྟཱ་རེ་ཏུ་རེ་སྭཱ་ཧཱ།　　ཏདྱ་ཐཱ།　　ཨོཾ་

索哈　　嗡達熱e德達熱e德熱e索哈　　達雅塔　　嗡

ཧྲཱིཿཤྲུ་ཏི་སྨྲི་ཏི་བི་ཛ་ཡེ་སྭཱ་ཧཱ།　　པྲཛྙཱ་པཱ་ར་མི་ཏཱ་ཡེ་སརྦ་

舍謝日德美德波匝耶索哈　　札嘉巴囑莫達耶薩瓦

ཏརྐ་ཏི་ཤོ་ཏྲ་ཡ་རཱ་ཛཱ་ཡ་སྭཱ་ཧཱ།　　ཨོཾ་མ་ཎི་བཛྲ་ཧྲི་ད་ཡ་

德爾嘎德秀達雅囑匝雅索哈　　嗡瑪訥班則舍達雅

བཛྲ་མཱ་ར་སཻནྱ་བི་དྲཱ་པ་ཎི་ཧ་ན་ཧ་ན་བཛྲ་གརྦྷེ།　　ཏྲཱ་ས་

班則瑪囑淞內波札巴訥哈那哈那班則嘎貝　　札薩

ཡ་ཏྲཱ་ས་ཡ།　　སརྦ་མཱ་ར་བྷུ་བ་ནཱ་ནི་ཧཱུྃ་ཧཱུྃ།　　སཾ་དྷཱ་ར་སཾ་

雅札薩雅　　薩瓦瑪囑波巴那訥吽吽　　桑達囑桑

དྷཱ་ར་བུདྡྷ་མཻ་ཏྲི་སརྦ་ཏ་ཐཱ་ག་ཏ།　　བཛྲ་ཀཱཡ་ཨ་དྷིཥྛི་

達囑波d達美哲薩瓦達塔嘎達　　班則嘎巴阿地徹

ཏེ་སྭཱ་ཧཱ།　　ཨོཾ་བི་པུ་ལ་གརྦྷེ།　　མ་ཎི་པྲ་བྷེ།　　ཏ་ཐཱ་ག་ཏ་

得索哈　　嗡波波拉嘎貝　　瑪訥札貝　　達塔嘎達

ནིརྡེ་ཤ་ནེ།　　མ་ཎི་མ་ཎི་སུ་པྲ་བྷེ།　　བི་མ་ལེ།　　སཱ་ག་

訥得夏訥　　瑪訥瑪訥色札貝　　波瑪累　　薩嘎

ར་གམྦྷཱི་རེ་ཧཱུྃ་ཧཱུྃ།　　ཛྭ་ལ་ཛྭ་ལ།　　བུདྡྷ་བི་ལོ་ཀི་ཏེ།

囑嘎m波熱吽吽　　卓拉卓拉　　波d達波洛革得

ཀུ་རུ་ཨ་དྷིཥྛཱ་ནེ་གརྦྷེ་སྭཱ་ཧཱ། ཨོཾ་པདྨོ་དྷྲ་ར་ཨ་མོ་གྷ་ཛ་ཡ་
革嘿阿地徹得嘎貝索哈　　嗡班莫達鬲阿莫嘎匝雅

ནེ་ཙུ་རུ་ཙུ་རུ་སྭཱ་ཧཱ། ཨོཾ་ཧྲཱུྃ་སྭཱ་ཧཱ། ཨོཾ་ཨ་མྲི་ཏ་ཨཱ་ཡུར་
得則熱則熱索哈　　嗡哲 m 索哈　　嗡阿莫日達阿葉日達

དེ་སྭཱ་ཧཱ། ཨོཾ་ནམ་སྟཻ་ཡ་ཏྲཻ་ཀཱ་ནཱཾ་སརྦ་ཏ་ཐཱ་ག་ཏ་ཧྲི་ད་ཡ།
得索哈　嗡那瑪賊雅德嘎囊薩瓦達塔嘎達舍達雅

གརྦྷེ་ཛྭ་ལ་ཛྭ་ལ་དྷརྨ་དྷཱ་ཏུ་གརྦྷེ་སཾ་བྷ་ར་མ་མ་ཨཱ་ཡུཿསཾ་ཤོ་
嘎貝卓拉卓拉達瑪達德嘎貝桑巴鬲瑪瑪阿葉桑秀

དྷ་ཡ་སཾ་ཤོ་དྷ་ཡ། མ་མ་སརྦ་པཱ་པཾ། སརྦ་ཏ་ཐཱ་ག་ཏ་
達雅桑秀達雅　　瑪瑪薩瓦巴幫　　薩瓦達塔嘎達

ས་མནྟོ་ཥྞི་ཥ་བི་མ་ལེ་བི་ཤུད་དྷེ་ཧཱུྃ་ཧཱུྃ་ཧཱུྃ། ཨོཾ་བཾ་སཾ་ཛཿསྭཱ་
薩曼門訥卡波瑪累波謝 d 得吽吽吽　　昂旺桑匝索

ཧཱ། ཨོཾ་སརྦ་ཏ་ཐཱ་ག་ཏོ་ཥྞི་ཥ་དྷཱ་ཏུ་མུ་དྲཱ་ཎི་སརྦ་ཏ་ཐཱ་ག་
哈　　嗡薩瓦達塔嘎多訥卡達德莫札訥薩瓦達塔嘎

ཏ་དྷརྨ་དྷཱ་ཏུ་བི་བྷཱུ་ཥི་ཏ་ཨ་དྷིཥྛཱ་ནེ་ཧུ་རུ་ཧུ་རུ་ཧཱུྃ་ཧཱུྃ་སྭཱ་ཧཱ།
達達瑪達德波波克達阿地徹得呵熱呵熱吽吽索哈

ཨོཾ་སརྦ་ཏ་ཐཱ་ག་ཏ་བྷྲཱུ་བ་ལོ་ཀི་ཏེ་ཛ་ཡ་ཛ་ཡ་སྭཱ་ཧཱ། ཨོཾ་ཧུ་
嗡薩瓦達塔嘎達貝巴洛各得匝雅匝雅索哈　　嗡呵

རུ་ཧུ་རུ་ཛ་ཡ་མུ་ཁེ་སྭཱ་ཧཱ། ཨོཾ་བཛྲ་ཨཱ་ཡུ་ཥེ་སྭཱ་ཧཱ།
熱呵熱匝雅匝雅莫克索哈　　嗡班則阿葉克索哈

ༀ་ན་མཿ་ས་མནྟ་བུདྡྷ་ནཱཾ་སརྦ་བུདྡྷ་བོ་དྷི་ས་ཏྭ་ཧྲི་ད་…………
嗡那瑪薩曼達波 d 達囊薩瓦波 d 達布德薩埵舍達

ཡཾ་ནི་པེ་ཤ་ནི་ན་མཿསརྦ་བིདྱ་སྭཱ་ཧཱ། ན་མཿསརྦ་ཏ་ཐཱ་
恙訥貝夏訥那瑪薩瓦布 d 雅索哈 那瑪薩瓦達塔

ག་ཏ་ཧྲི་ད་ཡ་ཨ་ནུ་ག་ཏེ། ༀ་ཀུ་རུཾ་གི་ནི་སྭཱ་ཧཱ། ༀ་ཨཱ་
嘎達舍達雅阿訥嘎得 嗡革讓革訥索哈 嗡阿

ལི་ཀཱ་ལི་ཛྙཱ་ན་པཉྩ་ས་ཏྭ་གྲོ་ཏ་མུ་ན་ཡེ་སྭཱ་ཧཱ། ༀ་ཨཱཿཧཱུཾ་
樂嘎樂嘉那班匝薩埵卓達莫那耶索哈 嗡阿吽

བཛྲ་མ་ཧཱ་གུ་རུ་སརྦ་སིདྡྷི་ཧཱུཾ། ༀ་པྲ་ཛྙཱ་ཙཀྲ་མ་ཧཱ་ས་ཁ་
班則瑪哈革熱薩瓦色德吽 嗡布德則達瑪哈色嗙

ཛྙཱ་ན་དྷཱ་ཏུ་ཨཱཿ ༀ་རུ་ལུ་རུ་ལུ་ཧཱུཾ་བྷྱོ་ཧཱུཾ། ཨ་ཧ་རི་ནི་
嘉那達德阿 嗡熱樂熱樂吽玖吽 阿哈熱訥

ས་ཧཱུཾ། ༀ་ཨཱཿབཛྲ་ཀྲི་ཀ་ཧཱ་ཧཱུཾཿ ༀ་ཨཱཿཧཱུཾ་ཧྲཱིཿ ༀ་མ་
薩吽 嗡阿札嘉哲 g 哈吽 嗡阿吽舍 嗡瑪

ཎི་པདྨེ་ཧཱུཾཿ ༀ་བཻ་རོ་ཙ་ན་ཧཱུཾ་ཨ་ཀྵོ་བྷྱ། རཏྣ་སམྦྷ་ཝཿ
訥巴美吽 嗡貝若匝那吽阿覺貝 鬲那桑巴瓦

ཨ་མི་དྷེ་ཝཿ ཨ་མོ་གྷ་སིདྡྷི་ཧཱུཾ། ༀ་པདྨ་ཏ་ཧྲི་མ་ཧཱ་ཨ་མོ་
阿莫得瓦 阿莫嘎斯德吽 嗡班瑪嘿達瑪哈阿莫

གྷ་པཱ་ཤ་སྭ་དྷ་ཡ་ས་མ་ཡ་ཧྲི་ད་ཡཾ་ཙ་ར་ཙ་ར་ཧཱུཾ། ན་མོ་
嘎巴夏薩達雅薩瑪雅舍達恙匝鬲匝鬲吽 那莫

བྷ་ག་ཝ་ཏེ་ཨཱརྱ་ཨ་ཝ་ལོ་ཀི་ཏེ་ཤྭ་ར་ཡཿ　　བོ་དྷི་ས་ཏྭ་ཡ

巴嘎瓦得阿雅阿瓦洛革得秀㖇雅　　布德薩埵雅

མ་ཧཱ་ས་ཏྭ་ཡ་མ་ཧཱ་ཀཱ་རུ་ཎི་ཀཱ་ཡཿ　　སིདྡྷི་མནྟྲ་ཡ་ཡ་ནེ་སྭཱ

瑪哈薩埵雅瑪哈嘎熱訥嘎雅　　斯德曼札雅雅訥索

ཧཱ།　ན་མ་སྟྲཻ་ཡ་དྷི་ཀཱ་ནཱཾ་སརྦ་ཏ་ཐཱ་ག་ཏེ་བྷྱཿ　ཨརྷ་ཏེ་བྷྱཿ

哈　那瑪賊雅德嘎囊薩瓦達塔嘎得貝　　阿爾哈得貝

སམྱཀྶཾ་བུད་དྷེ་བྷྱཿ　　ཏདྱ་ཐཱ།　ཨོཾ་ཀཱ་མཱ་ར་རུ་པི་ཎཱ

桑m雅g桑波d得貝　　達雅塔　　嗡革瑪㖇熱波達

ར་ཎི།　པི་ཤྭ་སཾ་བྷ་ཝ།　ཨཱ་ག་ཙྪ་ཨ་ག་ཙྪ།　ལ་ཧུ་ལ

㖇訥　布秀桑巴瓦　　阿嘎匝阿嘎匝　　拉呵拉

ཧུ།　བྷྲཱུཾ་བྷྲཱུཾ།　ཧཱུཾ་ཧཱུཾ།　ཛ་ན་ཛ་ཀཱ།　མཉྫུ་ཤྲཱི་ཡེ།

呵　哲m哲m　　吽吽　　則那則g　　曼則西日耶

སུ་ཤྲཱི་ཡེ།　ཏཱ་ར་ཡ་མཱཾ།　སརྦ་དུཿཁེ་བྷྱཿཕཊ་ཕཊ།

色西日耶　　達㖇雅瑪m　　薩瓦德克貝啪達啪達

ཤ་མ་ཡ་ཤ་མ་ཡ།　ཨ་མྲི་ཏོདྦྷ་ཝ།　ཨུད་བྷ་ཝེ།

夏瑪雅夏瑪雅　　阿莫爾多d巴瓦　　俄達巴喂

སརྦ་པཱ་པཾ་མེ་ནཱ་ཤ་ཡ་སྭཱ་ཧཱ།　ན་མ་སྟྲཻ་ཡ་དྷི་ཀཱ་ནཾ་ཏ་ཐཱ་ག

薩瓦巴幫美那夏雅索哈　那瑪賊雅德嘎囊達塔嘎

ཏཱ་ནཾ་སརྦ་ཏྲ་ཙྪ་ཏི་ཧ་ཏཱ་པཱ་ཏེ།　དྷརྨ་ཏཱ་པཱ་ལི་ནཱཾ།　ཨཾ་ཨ།

達囊薩瓦札匝德哈達巴德　　達瑪達瓦樂囊　　昂阿

ས་མ་ས་མ་ས་མནྟ་ཧོ། ཨ་ནནྟ་པཱ་ཧྲི་ཤཱ་ས་ནེ་ཧ་ར

薩瑪薩瑪薩瑪曼達多　阿南達巴德夏薩訥哈囉

ཧ་ར་སྨ་ར་སྨ་ར་ཙེ་བི་ག་ཏ་རྟ་ག་ཙྪད་ཛྙ་ཛྙམ་ཏེ། ས་ར

哈囉瑪囉瑪囉訥波嘎達囉嘎波 d 達達瑪得　薩囉

ས་ར་ས་མ་བ་ལ་ཧ་ས་ཧ་ས། ཙ་ཡ་ཙ་ཡ། ག་ག་ན་མ

薩囉薩瑪巴拉哈薩哈薩　札雅札雅　嘎嘎那瑪

ཧཱ་བ་ར་ཎ་ལཀྵ་ཎེ་ཛྭ་ལ་ཛྭ་ལ་ན་སཱ་ག་རེ་སྭཱ་ཧཱ། ན་མཿ

哈瓦囉那拉 g 夏訥卓拉卓拉那薩嘎囉索哈　那瑪

སརྦ་བཛྲ་བོ་དྷི་ས་ཏྭ་ནཱཾ་བ་ར་བ་ར། སྭཾ་སྭཾ། ས

薩瓦波 d 達波德薩埵囊巴囉巴囉　薩旺薩旺　薩

མ་ས་མ། ཀཱུ་རུ་ཧཾ་ཀཱུ་རུ་ཧཾ། ཏཱུ་རཱུ་ཏཱུ་རཱུ། སཱུ་རཱུ་སཱུ

瑪薩瑪　嘎熱囊嘎熱囊　達囉達囉　薩囉薩

རཱུ། ཨ་ཏྲི་ཨ་ཏྲི། ཨ་མྲི་ཏྲཾ་ཨ་མྲི་ཏྲཾ། ཨ་ཏྲི་ཨ་ཏྲི།

囉　阿德阿德　阿莫當阿莫當　阿德阿德

བྲི་རྟི་བྲི་རྟི། ཨུ་ཏྲི་ཨུ་ཏྲི། ཤུ་རྟི་ཤུ་རྟི། ཧ་ཧ་ཧ་ཧ།

波讓波讓　阿德阿德　謝讓謝讓　哈哈哈哈

མ་ཧཱ་ས་མཱ་ཡ། ན་མཿཧཱ། ཨ་མ་ལ་སི་དྡྷི་ཏཱ་ཡ་ཀེ་བྷྱཿ

瑪哈薩瑪雅　那瑪札　阿瑪拉斯德達雅給貝

སརྦ་བཛྲ་བོ་དྷི་ས་ཏྭ་བྷྱཿ སརྦ་ཨ་ནནྟ་མ། ཏེ་བྷྱཿ

薩瓦波 d 達布德薩埵貝　薩瓦阿南達瑪　達也貝

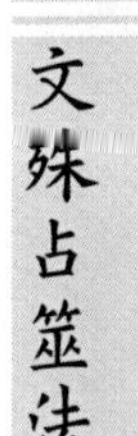

མཧཱ་ཀཱ་རུ་ཎི། མཱ་ལཱི་ནཱི། ཙི་ས་མ་ཡེ་ཛོ་ལ་སྭཱ་ཧཱ། ཨོཾ

瑪哈嘎熱訥　瑪樂訥　哲薩瑪耶卓拉索哈　嗡

བཛྲ་ས་ཏྭ་ས་མཱ་ཡ་མ་ནུ་པཱ་ལ་ཡ། བཛྲ་ས་ཏྭ་ཏེ་ནོ་པ།

班則薩埵薩瑪雅 瑪訥巴拉雅　班則薩埵底耨巴

ཏིཥྛ་དྲི་ཌྷོ་མེ་བྷ་ཝ། སུ་ཏོ་ཥྱོ་མེ་བྷ་ཝ། ཨ་ནུ་རཀྟོ་

德叉哲晝美巴瓦　色多卡約美巴瓦　阿訥日多

མེ་བྷ་ཝ། སུ་པོ་ཥྱོ་མེ་བྷ་ཝ། སརྦ་སིདྡྷི་མྨེ་པྲ་ཡ་ཙྪ།

美巴瓦　色波卡約美巴瓦　薩瓦斯德瑪美匝雅札

སརྦ་ཀརྨ་སུ་ཙ་མེ། ཙིཏྟཾ་ཤྲི་ཡཿཀུ་རུ་ཧཱུྃ། ཧ་ཧ་ཧ་ཧ

薩瓦嘎瑪色匝美　則當西日雅革熱吽　哈哈哈哈

ཧོཿ བྷ་ག་ཝཱན། སརྦ་ཏ་ཐཱ་ག་ཏ། བཛྲ་མཱ་མེ་མུ

火　巴嘎萬　薩瓦達塔嘎達　班則瑪美莫

ཉྩ། བཛྲཱི་བྷ་ཝ་མ་ཧཱ་ས་མ་ཡ་ས་ཏྭ་ཨཿ། ཨོཾ་ཨ་ཨཱ་ཨི

札　班則巴瓦瑪哈薩瑪雅薩埵阿　嗡阿阿俄

ཨཱི་ཨུ་ཨཱུ་རི་རཱི་ལི་ལཱི་ཨེ་ཨཻ་ཨོ་ཨཽ་ཨཾ་ཨཿསྭཱ་ཧཱ། ཨོཾ་ཀ་ཁ

俄嗚嗚熱熱樂樂誒誒沃沃昂阿索哈　嗡嘎啰

ག་གྷ་ང་། ཙ་ཚ་ཛ་ཛྷ་ཉ། ཊ་ཋ་ཌ་ཌྷ་ཎ། ཏ་ཐ་ད

噶噶昂　匝擦匝匝釀　札叉札札那　達塔達

དྷ་ན། པ་ཕ་བ་བྷ་མ། ཡ་ར་ལ་ཝ། ཤ་ཥ་ས་ཧ་ཀྵ

達那　巴帕瓦巴瑪　雅日拉瓦　夏卡薩哈嘉

སྭཱ་ཧཱ། ཨོཾ་ཡེ་དྷརྨཱ་ཧེ་ཏུ་པྲ་བྷ་བཱ། ཧེ་ཏུནྟེ་ཥཱན་ཏ་ཐཱ་ག་
索哈　　嗡耶達瑪黑德札巴瓦　　黑敦得堪達塔嘎

ཏོ་ཧྱ་བ་དཏ། ཧེ་ཏུཉྩ་ཡོ་ནི་རོ་དྷ་ཨེ་བཾ་བཱ་དཱི་མ་ཧཱ་
多哈雅瓦達 d　　得堪匝友訥若達誒旺巴德瑪哈

ཤྲ་མ་ཎཿཡེ་སྭཱ་ཧཱ།། ||
夏日瑪那耶索哈

淨除業障百咒功德

全知麥彭仁波切 著
索達吉堪布 譯

那莫革熱瑪則西日嘉那薩埵雅！

佛陀一切妙種智，現文字相而恩賜，
利樂眾生諸吉祥，敬持所有明咒王。

一

ཨོཾ་ཨཱཿཧཱུྃ།
嗡啊吽

這是三時一切如來的真實身語意，堪爲三世佛陀所說的一切咒語之王、一切咒語之本，念誦此咒能成就所有咒語，無論是什麼咒語，開頭加上「嗡啊吽」，都會變成智慧咒，使一切未成辦之事得以成辦，一切不吉祥變爲吉祥，一切罪業蕩然無存。《密集續》與《八大法行續》等續部中唯一讚揚這一咒語。大圓滿續等之中說「嗡啊吽」咒能焚淨六道的種子。僅僅念誦也能消盡輪迴的障礙，相當於持誦浩瀚無邊三世寂猛如來的咒語。諸如此類，功德無量，這是諸續部中再三宣說的。如《密集續》中云：「此咒三世佛，身語意歡喜，嗡字佛身勝，啊字佛語道，吽字明智意，此爲勝菩提，此僅一切佛，盡成正等覺，智金剛幻化，現佛因與果，此等佛士夫，讚謂密明咒，生次等誓言，修三堅金剛。」又云：「嗡字智慧咒，能獲金剛身，啊菩提幻主，能得金剛語，吽字身語意，得堅三金剛。」《八大法行集善逝續》中云：「十方正覺如來尊，所有百部五部眾，集於大密此一部，依此三字之心咒，獲身語意之悉地。」「三世現善逝，無餘身語意，所攝此密咒，稱爲嗡啊吽。誦時金剛誦，盡所如所一切法，無餘攝於三字中，抉擇身語意攝要。上中下根者之法，集此深廣要訣中。三界眾生三處所，所見所修三清淨，歷經宏願智慧地，行於三處之果位，所護所遮三壇城，三摩地部及一切，身語意之三究竟，顯現大樂與覺性，無二無別之明空，方便智慧法界智，勝義世俗無改造，無二光明自本性，身住脈及依於彼，無實運行圓形物，功德事業令歡喜，圓滿福德供施中，成就悉地咒手印，具有依修與加持，威力誓言與儀軌，能護境及殊勝心，受持永變覺性地，三敵四魔諸暖相，堪爲嚮導之要訣，一切三文字運行，金剛薩埵身語意，自性之中本安住，一切輪涅之命根，唯一安住於一處。何者三門住於此，極爲嚴重之罪業，所積惑因皆清淨。七種別解脫戒律，二十願行之學處，普賢眾地續所說，內外

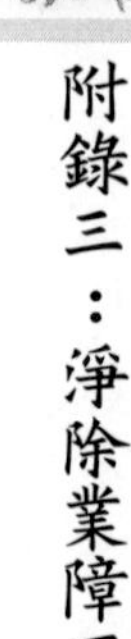

密之特殊戒，根本支分學處中，無論違何均恢復。盡除一切惡趣處，救脫惡性非時中，死亡以及八怖畏。成就圓滿之福德，迅速安住究竟地。繕寫繫帶見持誦，彼之功德不可量。眾生滿足聖尊喜，獲得受用依此成，世間以及出世間，尊眾歡喜護遣障，現在以及未來時，不幸痛苦均遠離，樂欲解脫均成就。」

二

嗡啊吽索哈

這是五勇士咒，也就是五部佛心咒。依靠它能盡除五趣，獲得身語意功德事業的成就，功德無量。

三

ཨོཾ་ཧཱུྃ་ཏྲཱྃ་ཧྲཱིཿཨཱཿ

嗡吽張舍啊

這一咒語與前相同，是寂猛五佛的心咒，依靠此咒的每一個字也能成就共同、殊勝悉地，關於這一道理，應當從《吉祥勝續》等中了知。

四

འ༔ཨ༔ཧ༔ཤ༔ས༔མ༔

瓦阿哈夏薩瑪

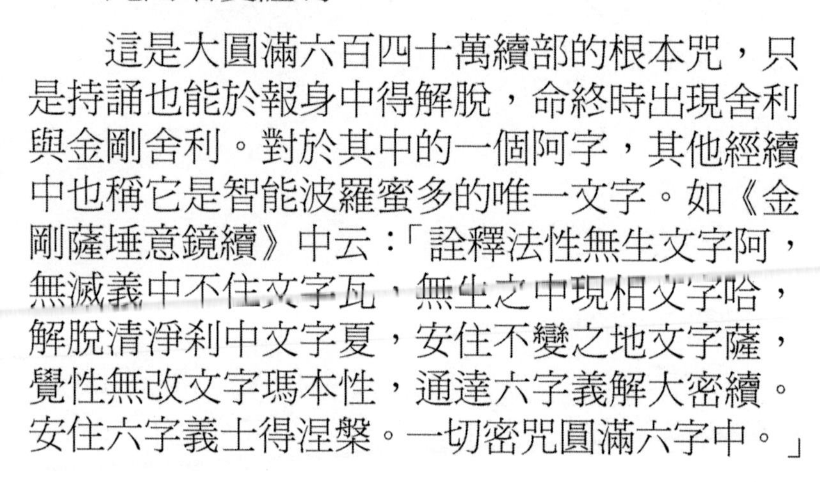

這是大圓滿六百四十萬續部的根本咒，只是持誦也能於報身中得解脫，命終時出現舍利與金剛舍利。對於其中的一個阿字，其他經續中也稱它是智能波羅蜜多的唯一文字。如《金剛薩埵意鏡續》中云：「詮釋法性無生文字阿，無滅義中不住文字瓦，無生之中現相文字哈，解脫清淨剎中文字夏，安住不變之地文字薩，覺性無改文字瑪本性，通達六字義解大密續。安住六字義士得涅槃。一切密咒圓滿六字中。」

五

ཨོཾ་བཛྲ་ས་ཏྭ་ཧཱུྃ།

嗡班則薩埵吽

這是金剛薩埵的六字真言，如果持誦十萬遍，那麼失毀根本誓言的罪業也能滅盡，這是《金剛薩埵猛尊三調伏續》中所說的。密咒百字明實際上也可以包括在此金剛薩埵心咒中，因此是淨除一切罪業的咒王，因為往昔金剛薩

埵曾發下這樣的宏願親口承諾說：願我住於具有業障者面前從而淨除他們的一切罪障。密主（金剛手）在《集密意續》中親言：「如今像在此娑婆世界中的釋迦佛一樣，在三十六個世間界的剎土中每一大能仁均於六道中分別傳播各自的名號，也就是說，在三世十方等同虛空界的世間界中現世的點亮世間明燈的不同佛陀、名號與身相其實都是相應一切有情的根基而顯現的，所有這一切均是唯一金剛薩埵的遊舞。他的名號說之不盡，任何有情耳聞金剛薩埵佛的名號，也相當於曾經承事眾多如來，必定能往生金剛薩埵佛剎，蒙受一切如來加持，於大乘教法中出離輪迴，具足神通，擁有勝觀慧眼，必然堪為佛子。」法性菩提心自性光明如虛空般無有遷變金剛，是三時一切佛陀的精華，被譽為金剛薩埵，持誦他的名號就等於持誦所有如來的名號。

六

ན་མཿས་མནྟ་བུདྡྷ་ནཱཾ། ཨཱ་བཱི་ར་ཧཱུྃ་ཁཾ།

那瑪薩曼達布達囊　阿波咼吽康

《普明現前菩提續》中的金剛句是這樣說的：此咒語能勝伏四魔、解脫六趣，圓滿一切種智。這一咒語開頭的「那瑪薩曼達布達囊」

是咒語之怙主，真正的咒語是五勇士咒，被稱爲三世諸佛菩薩的三世等性咒，功德無量，並且各文字也有不同的作用，如果誦一百遍阿字加持藥物，則以前的業力病也能得以康復，若觀修文字（所觀修的文字藏文原義不明顯，請觀察）而誦十萬，那麼五無間罪的業障也能立即滅盡。以此爲例。對每一個文字的作用也有說明。《三誓言莊嚴續》中也說：此五字密咒，於靜處雖無畫像，然若爲清淨眾生之界緣成就而誦三十萬遍，則如來降臨摸頂，獲得神通、總持，誦十萬遍者隨心所欲成就聖物，成爲持明王。面見彌勒、金剛手、普賢等尊顏，持誦十萬遍也會相應見到彼等聖尊，賜予悉地。依靠此咒自然成就，無有貪執，具有實義，迅速成就，無有障礙而成就，無論是了悟如來行境的任何儀軌，也依賴於此心咒（原義不明）。總而言之，能成辦一切所欲、被稱爲三世等性誓言的就是此五字心咒。

七

ཨོཾ་ཨཱ་ཝཱི་ར་ཧཱུྃ་ཁེ་ཙ་རཿ

嗡阿沃咼吽克匝咼

《文殊根本續》中云：「嗡阿沃咼吽克匝咼，此乃一切手印的八字大勇士心咒。密咒之

主，如佛陀般安住，依此能賜殊勝吉祥，能清淨一切罪障，能斷絕三有之法，能阻斷一切惡趣，能息滅一切違緣，能成辦一切事業，能獲得涅槃安樂，能令現見佛陀而安住，如文殊童子般安住，爲利一切有情以殊勝密咒本體安住，能滿足一切願望。如果僅僅憶念也能使無間罪完全得以清淨，那持誦此咒就更不必說了。總之，它的廣大功德即使在百千萬劫中言說，也無法說盡。」

八

དྷཱིཿ

哲母

《文殊根本續》又說：此外，一切中最爲殊勝者即佛陀出有壞，同樣，世間與出世間的諸咒之王，在末法諍時，頂髻轉輪佛變成唯一守護文字，一切時分可得成就，是佛陀出有壞真實現前，攝集如來法藏，盡除一切業障，持誦一遍也能滅盡所有罪業，能如意滿願，此續中宣說了哲母咒諸如此類的功德以及依靠它的許多事業。關於此咒，《金剛藏莊嚴續》中稱謂一切善逝智慧大轉輪。《密集續》中稱之爲智慧金剛藏。一次持誦這一咒語保護自己，念誦兩遍護佑他衆，三遍持誦守護財產，念誦四遍能如願保衛領土等。在五由旬之內欲天以外的其他天眾也不能存在，更何況說其他魔障了。

九

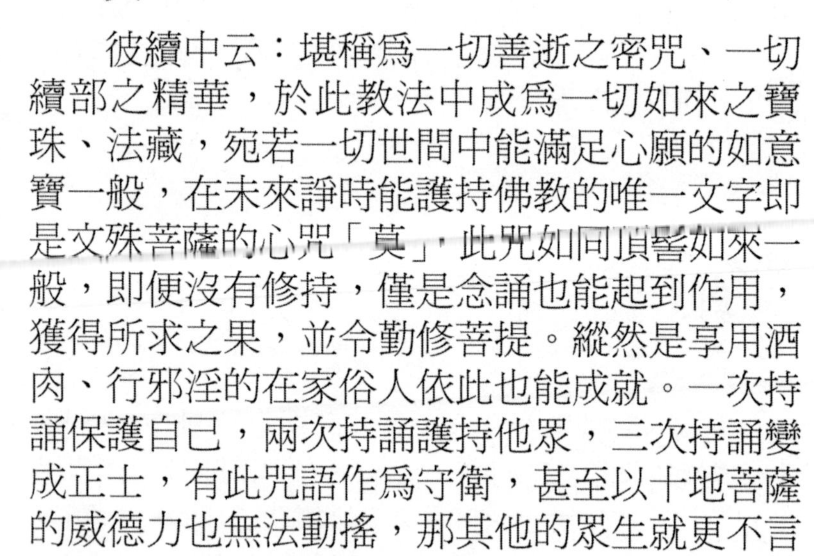

མུཾ།

莫

彼續中云：堪稱爲一切善逝之密咒、一切續部之精華，於此教法中成爲一切如來之寶珠、法藏，宛若一切世間中能滿足心願的如意寶一般，在未來諍時能護持佛教的唯一文字即是文殊菩薩的心咒「莫」，此咒如同頂髻如來一般，即便沒有修持，僅是念誦也能起到作用，獲得所求之果，並令勤修菩提。縱然是享用酒肉、行邪淫的在家俗人依此也能成就。一次持誦保護自己，兩次持誦護持他眾，三次持誦變成正士，有此咒語作爲守衛，甚至以十地菩薩的威德力也無法動搖，那其他的眾生就更不言而喻了。其中宣說此咒具有此等諸多作用。

十

ན་མཿསརྦ་བུདྡྷཱ་ནཾ་ཨཾ་མཾ།

那瑪薩瓦布達囊昂芒

《文殊根本續》中云：「那瑪薩瓦布達囊昂

芒，此乃文殊所有心咒中最爲殊勝，能成辦一切事業。」認識到此咒是文殊菩薩所有咒語之本，一切功德、加持、悉地之源，應當精勤持誦。

十一

ན་མཿས་མནྟ་བུདྡྷཱ་ནཾ་ཨཾ།

那瑪薩曼達布達囊昂

《精華莊嚴續》與《普明現前菩提續》等中說：這是一切咒語之怙主，也是真正的威光佛陀、諸法的自在能仁，想要成佛者應當萬分精進持誦。它如同諸成就者的命根一般，成爲一切文字的生命、生存依處與親友。想要得到諸佛的加持、面見、供養佛菩薩、利益眾生、獲得佛果者理當勤奮持誦此咒。諸法由經所謂的阿字之門而入，如云：所謂阿字真實說，乃爲諸咒之精華，一切密咒住彼中，如是決定一切咒。在此所誦的咒語中最主要的就是唯一的阿字，爲了表明它具有滿足的作用而在上面加上圓圈。應當在前面加上咒語之怙主而持誦。

十二

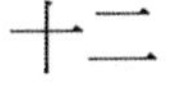

ཨ།

阿

這是一切咒語的根本，如果成就此咒，那麼同時也就成就了所有咒語。因此，應當精勤念誦心咒阿。《不空成就羂索續》中也說：此一文字是一切善逝、廣大蓮花壇城總的明咒密咒，讀誦可得成就，區分一切如來壇城、手印、覺性均隨此一文字。三世諸佛的心咒隨此一文字，恆時持誦此咒能得諸佛加持而成就。任何眾生只是憶念此咒，觀世音菩薩即住於其前，滿足一切願望。諸如此類的道理在許多續中也有闡述。

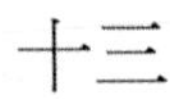

十三

ཨ་ར་པ་ཙ་ན། ཨོཾ་ཨ་ར་པ་ཙ་ན་དྷཱིཿ

阿啰巴匝那 嗡阿啰巴匝那德

《三世尊勝續》中是這樣說的：文殊童子的心咒，何者念誦即刻能獲得一切善逝諸法等性智慧等性，一切眾生獲得智慧波羅蜜多的成就。所謂的「阿啰巴匝那」是獲得一切所欲之義，爲什麼這樣說呢？所謂的阿字意爲欲求、啰即貪執、巴爲勝義、匝爲享用、那爲無自性。如此而修持所欲、貪執、勝義、享用、無自性的這個心咒，則能獲得一切所欲。如來是一切所欲之器，因而依靠此咒也能迅速獲得如來金

剛持果位。繪製金剛壇城，在它的中央放置寶劍，於其前修持這一心咒，則能修成文殊菩薩。即使未成就，也能成辦事業。一次念誦能擺脫一切痛苦，兩次持誦能使無間罪滅盡無餘，念誦三遍能現前等持，念誦四遍將具足正念，誦五遍能疾速圓滿成就無上圓滿正等正覺菩提。在具有舍利的佛塔上右旋寫此咒語從阿至那，之後轉繞、持誦十萬遍，如果每一個字都圓滿十萬遍，那麼同時可成就出有壞如來、文殊菩薩與金剛手菩薩。每一日佛陀顯現、說法後返回，即生中也能賜予佛果之前的悉地。或者念誦嗡阿咼巴匝那德。

十四

ཨཱ་རོ་ལིག

阿若勒

這是觀世音菩薩的心咒，僅僅持誦也能明顯成就一切如來的等持，消除一切天災人禍、疾病畏怖。儘管未修持也成辦事業，一誦可保護自己，二誦能護佑他眾與鄉村城市，三誦能成辦一切事業。其他續中還讚歎此咒能息滅病苦，能成就殊勝息業、懷業等無量功德。三時中持誦此咒，觀世音菩薩於夢中授記。《金剛藏莊嚴續》中云：「若修世間觀自在，能仁出有壞瑜伽，一切勇士將恩賜，自之殊勝諸悉地，受持一切瑜伽者，賜予尊勝之寶珠。持明果位與寶輪，地與波羅蜜多等，一切佛果亦恩賜，其餘悉地何須說？」又云：「具德殊勝此密咒，自性三界尊勝王，剎那賜予諸受用，依蓮成就之雙運，修成世間觀自在，三世間界之國政，於世間中均賜予。」

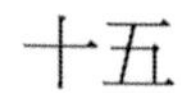

十五

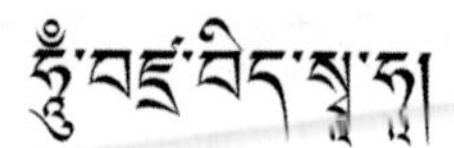

吽班則布 d 索哈

這是一切善逝的心咒，能成辦殊勝事業，其他續中也讚歎其謂金剛部之大明咒，功德無量。

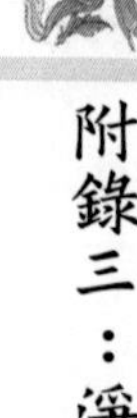

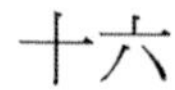

十六

ཨོཾ་ཏྲུཾ།

嗡仲

此心咒能使昏厥、受損、遭到摧毀的眾生都得以恢復。此外，依靠這一咒語也能獲得金剛身。如果披上金剛盔甲的這一手印，那麼就能獲得金剛身與金剛壽，並且在有生之年不會受到任何損害。

十七

ཏཀྐི་ཧཱུྃ་ཛཿ

札哥吽匝

這是金剛手菩薩的心咒，只是念誦，就連如金剛山般不可動搖的一切善逝也能動搖、牽引，那麼其他的眾生就更不必說的。僅僅憶念也能脫離一切怖畏。僅僅持誦也能使所有無間罪清淨無遺、保護一切，金剛手菩薩也是賜予一切所欲，賜予殊勝悉地，令成辦一切事業，行持一切必要之事，恆時緊隨其後。僅僅諷誦也賜予一切成就，又云：念誦此咒能震動三界等會出現神奇驗相。其他續部中稱之爲忿怒欲王咒、勾招王咒，予以了高度讚歎。也有在這一咒語前面加嗡字的。此續中云：「若修此咒，則成就殊勝出有壞菩薩。因成就出有壞而成就所欲忿怒尊，何以故？此咒乃大主尊，所謂札哥義爲欲，所謂吽即忿怒，勾招此二者故爲匝。即指請你修持。」又云：依靠它的作用，受到一切眾生喜愛，具有聰明才智，心中現出金剛，一切有情不能殺、不能害。《殊勝覺性續》等中也讚歎了金剛手菩薩的這一心咒，並宣說了依靠此咒的許多事業。

十八

ཛྲུཾ་ཕྲ་ཕྲ་ཙ་ཙ་ཧ་ཧ།

張巴巴札札哈哈

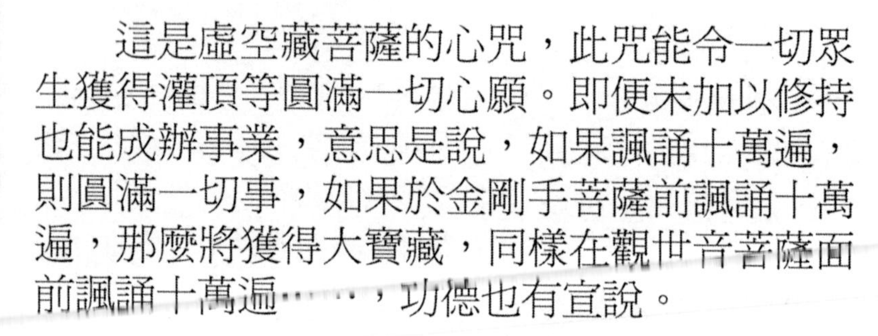

這是虛空藏菩薩的心咒，此咒能令一切眾生獲得灌頂等圓滿一切心願。即便未加以修持也能成辦事業，意思是說，如果諷誦十萬遍，則圓滿一切事，如果於金剛手菩薩前諷誦十萬遍，那麼將獲得大寶藏，同樣在觀世音菩薩面前諷誦十萬遍……，功德也有宣說。

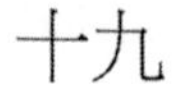

十九

ཨོཾ་རྩུ་རྩུ་ཧཱུཾ་ཕཊ༔

嗡熱哲熱哲吽啪達

這是金剛拳菩薩的心咒。金剛拳菩薩在第九萬一千劫時，於金剛山王如來前得受此咒，依靠這一心咒能使盡一切世間界微塵數的眾生得以成就，從那時起直至圓滿佛果之前。未修獲得諸事業，是指如果手握金剛拳諷誦十萬遍，則能行於空中等成就各種事業。如果在一日中受齋戒，雙手握金剛拳而誦十萬遍，那麼從此以後，握金剛拳就能隨心所欲成辦一切事

業。

二十

ཨོཾ་བཛྲ་ཙཀྲ་ཧཱུྃ།

嗡班則匝札吽

這是金剛輪菩薩的心咒，僅僅念誦便能趨入一切壇城。

二十一

ཨོཾ་ག་ག་ན་སཾ་བྷ་བ་བཛྲ་པུ་ཙ་ཧོ།

嗡嘎嘎那桑巴瓦班則巴匝吙

這是虛空藏菩薩的心咒。只是念誦此咒也會成為一切供養處。如果做金剛手印而諷誦十萬遍，那麼一切供品、一切事物、一切圓滿吉祥之事都會從天而降。

二十二

ཨོཾ་མཻ་ཏྲི་ཏྲིཧྲ་ཙིཏྟེ་ཏིཥྛ་ཧོ།

嗡美哲智 d 哈紫德地叉吙

這是彌勒菩薩的心咒。《三世尊勝續》中

文殊占筮法 觀音占卜法明鏡論

云：僅僅念誦這一咒語就能令一切有情生起慈心。誦此咒能令一切善逝入定於慈等持中而安住。修慈心能如願成就一切。所有事業也能依靠有信心的儀軌與慈心而成辦。

二十三

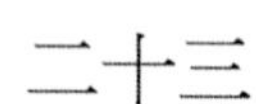

嗡瓦傑當那瑪

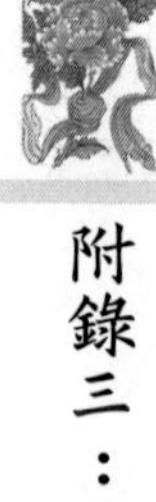

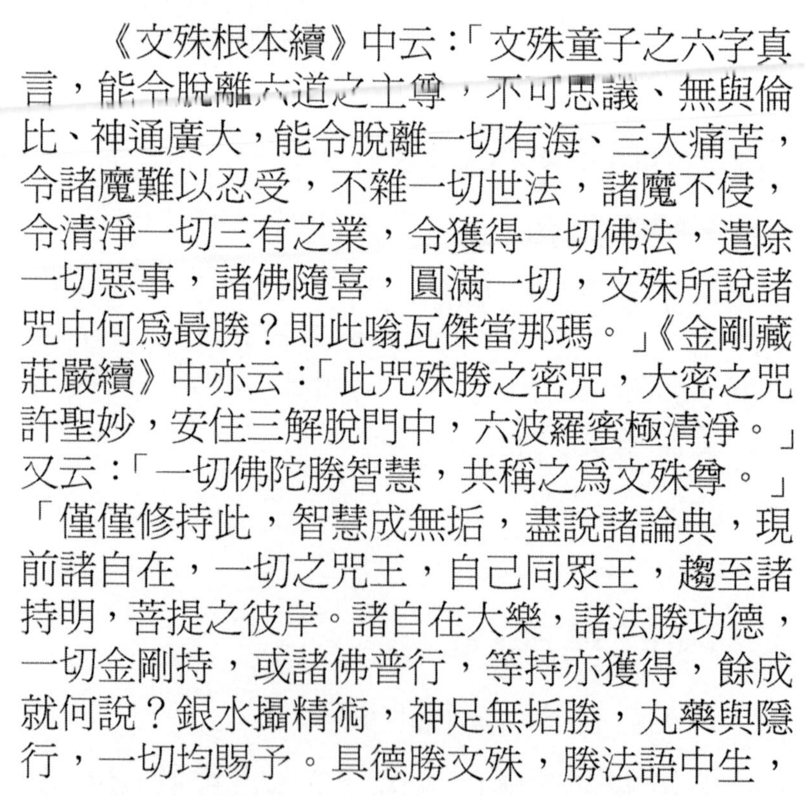

《文殊根本續》中云：「文殊童子之六字真言，能令脫離六道之主尊，不可思議、無與倫比、神通廣大，能令脫離一切有海、三大痛苦，令諸魔難以忍受，不雜一切世法，諸魔不侵，令清淨一切三有之業，令獲得一切佛法，遣除一切惡事，諸佛隨喜，圓滿一切，文殊所說諸咒中何為最勝？即此嗡瓦傑當那瑪。」《金剛藏莊嚴續》中亦云：「此咒殊勝之密咒，大密之咒許聖妙，安住三解脫門中，六波羅蜜極清淨。」又云：「一切佛陀勝智慧，共稱之為文殊尊。」「僅僅修持此，智慧成無垢，盡說諸論典，現前諸自在，一切之咒王，自己同眾王，趨至諸持明，菩提之彼岸。諸自在大樂，諸法勝功德，一切金剛持，或諸佛普行，等持亦獲得，餘成就何說？銀水攝精術，神足無垢勝，丸藥與隱行，一切均賜予。具德勝文殊，勝法語中生，

諸佛之梵音，讚爲文殊尊。僅依修持此，心願皆圓滿，佛果亦穩成，餘尊何須言？」其他續部中也出現過這一心咒。

二十四

ཨོཾ་ཨཱ་མུ་ཧཱུྃ་སྭཱ་ཧཱ།

嗡阿莫吽索哈

《四墊續》中云：「若誦此心咒，遠離諸罪業，成辦自事業，解脫一切罪。」

二十五

ཨོཾ་ཨ་མྲི་ཏ་བིནྡུ་ཛཱ་ཝཱ་མ་ཧཱ་སུ་ཁ་སྭཱ་ཧཱ།

嗡阿莫達奔德匝瓦瑪哈色卡索哈

《除蓋障一百零八名號經》中云：「嗡阿莫達、奔德匝瓦、瑪哈色卡索哈，除蓋障汝之功德如意寶陀羅尼咒能令一切有情心生大安樂。聞此咒者曾於十恆河沙數佛前積累過善根。獲得名聲，遠離諸障。於有舍利之佛塔前於上弦月初八、十五受齋戒，供養香花燈等後，邊轉繞邊持誦此咒，則獲得一切所欲，遣除一切罪業、痛苦、畏懼，以香供養除蓋障菩薩並誦此咒，則其於夢中顯相，圓滿一切心願，消除一切煩惱、痛苦。」此外，經中說：僅僅耳聞此菩薩的名號也能清淨一切罪障，僅僅念誦名號也是大地震動……

二十六

ཨོཾ་བཛྲ་པཱ་ཎི་ཧཱུྃ།

嗡班則巴訥吽

許多續中說這是金剛手菩薩的心咒，《吉祥智慧明點續》中云：「天女咒即六文字，成辦一切所欲事，毀滅一切諸惡魔，能盡一切諸疾病，賜予一切諸悉地，成就佛果無害者。若以威猛觀想誦，則刹那間殺一切，若以寂靜觀想誦，則息無量之疾患。」

二十七

ཨོཾ་སྨྲྀ་ཏྲིཿཀ་ཡ་སྭཱ་ཧཱ།

嗡桑舍嘎雅索哈

這是普賢菩薩的心咒，《金剛藏莊嚴續》中云：「諸佛自性身，普賢微妙光，當誦此大咒，或此恆成爲，他尊之心咒，咒王極秘密，本清淨自生，僅依修此咒，智慧成無垢。彼智無有垢，貌美與彼同，盡說諸論典，自成勝普賢。」

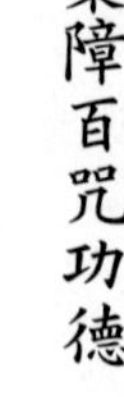

二十八

ཨོཾ་བཛྲ་གརྦྷ་ཧཱུྃ།

嗡班則嘎巴吽

這是金剛藏菩薩的心咒，也是咒語勝主，《金剛藏續》中云：「成就正覺菩提，並賜廣博智慧，賜予一切圓滿之事，成就勾招等一切事業，獲得等同意金剛法界。」

二十九

ཨོཾ་སརྦ་བིདྱ་སྭཱ་ཧཱ།

嗡薩瓦布得雅索哈

此乃大明覺咒王，功德無量，能賜予一切悉地。

三十

ཨོཾ་སརྦ་བིད་ཧཱུྃ།

嗡薩瓦布 d 吽

這是普明佛的心咒，續中云：見聞此咒者，甚至在夢中也不會見到惡趣、橫死，相續調柔，不退轉，享受世間出世間一切利樂。諸如此類，功德無量。

三十一

ཨོཾ་ཏྲ་ཊ་ཧཱུྃ།

嗡札札吽

這是摧毀一切罪障的咒語，各儀軌中也稱它是各自的咒語，功德無量。

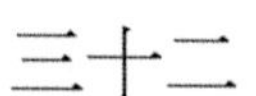

三十二

ཨོཾ་སརྦ་ནི་ཝ་ར་ཎ་བི་ཥྐཾ་བྷི་ནི་སྭཱ་ཧཱ།

嗡薩瓦訥瓦哴那布江布訥索哈

這是除蓋障菩薩的心咒，是能遣除一切罪障、賜予一切悉地的咒語，這是《金剛藏莊嚴續》等續中所說的。

三十三

ཨོཾ་ནཱི་ས་རྦ་ཡ་སྭཱ་ཧཱ།

嗡訥薩哴雅索哈

這是除蓋障菩薩的心咒，功德與前一咒語相同。《金剛藏莊嚴續》中云：「依靠此咒而修行，取精之術均輕易，不久等同除蓋障。」又云：「主要受持此密咒，共稱之為除蓋障，此悉地即大威光，殊勝除障之自在，無量殊勝之悉地，此等一切均賜予。」

三十四

ཨོཾ་ཨ་ཀྲ་ཧཱུྃ་ཕཊ།

嗡阿嘉吽啪達

《現前續》中說：這是勝樂輪滅罪的咒語，僅僅念誦也能成就，一切罪障、痛苦、無間罪業以及輪迴均能滅盡，使一切惡魔驚惶逃走。

三十五

ཨོཾ་སརྦ་མནྟྲ་ཙེ་དྷ་ནཾ་ཀྲེ་མཾ་རཾ་ཧཱུྃ་ཀྲཿཀ།

嗡薩瓦曼札訥達囊傑芒讓吽嘉哈

《大黑怙主續王》中云：「阿巴瓦夏巴熱咒語，即嗡薩瓦曼札訥、達囊傑芒讓吽嘉哈。僅依靠誦一遍這一咒王，無勤便能滅盡一切修行者之所有罪業。」

三十六

ཨོཾ་ཨཱུ་ཀཱུ་ཤ་གརྦ་ཡ་སྭཱ་ཧཱ།

嗡阿嘎夏嘎巴雅索哈

《金剛藏莊嚴續》中云：「虛空藏尊威力大，成就出有壞瑜伽，賜予自之諸悉地，於此無需細觀察，一切勇士正等覺，所賜一切諸悉地，依修虛空藏菩薩，彼等一切速恩賜。」

三十七

ཨོཾ་ཀྵི་ཧཿ་རཱ་ཛཱ་སྭཱ་ཧཱ།

嗡傑哈咼匝索哈

這是地藏王菩薩的心咒，《金剛藏莊嚴續》中云：「無量殊勝此咒語，盡賜一切諸悉地。共稱地藏王心咒，勝義之中瑜伽士……」

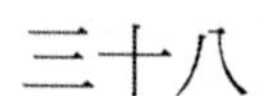

三十八

ཨོཾ་ཨཀྵཱ་ཡ་མ་ཏི་སྭཱ་ཧཱ།

嗡阿嘉雅瑪德索哈

這是無盡智慧的咒語，《金剛藏莊嚴續》中云：「想要具有無盡智慧者應當精勤修持。依靠此咒甚至佛果亦能獲得，那其餘悉地何須言？」

三十九

ཨོཾ་ག་ག་ན་གརྦྷེ་གཾ་སྭཱ་ཧཱ།

嗡嘎嘎那甘湊剛索哈

這是虛空藏的咒語，依靠此咒能從空中降下珠寶、妙瓶、如意樹等所欲之雨，滿足一切心願等功德廣大，這是《金剛藏莊嚴續》中所說的。

四十

ཨོཾ་རཏྣ་པཱ་ཎི་ར་མུ་སྭཱ་ཧཱ།

嗡ra那巴訥ra莫索哈

這是珍寶手的咒語，此咒能使一切眾生的掌中降下所欲的一切悉地寶雨，這也出自於《金剛藏莊嚴續》。

四十一

ཨོཾ་སཱ་ག་ར་མ་ཏི་ས་ར་སྭཱ་ཧཱ།

嗡薩嘎ra瑪德薩ra索哈

這是慧海菩薩的咒語，《金剛藏莊嚴續》中云：「若諷誦此咒，則獲得等同文殊與慧海菩薩之智慧、等同觀音菩薩之大悲。」

四十二

ཨོཾ་རཏྣ་ཀུ་རཿཧྲིཿརཏྣ་དད་སྭཱ་ཧཱ།

嗡咼那嘎咼舍咼那達 d 索哈

這是寶生佛的咒語，依靠此咒能降下自在珍寶雨，圓滿聖道。這是《金剛藏莊嚴續》中所說的。

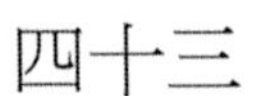

四十三

ཨོཾ་ས་མནྟ་བྷ་དྲ་ཡེ་སྭཱ་ཧཱ།

嗡薩曼達巴札桑索哈

這是普賢菩薩的咒語，能成熟一切眾生。

四十四

ཨོཾ་ཀྵི་ཏི་གརྦྷ་ཀྵི་སྭཱ་ཧཱ།

嗡傑德嘎巴江索哈

這是地藏王菩薩的心咒，依靠此咒能滿足一切眾生願望。

四十五

ཨོཾ་མ་ཎི་པདྨེ་ཧཱུྃ།

嗡瑪訥班奏吽

這是大寶圓滿的無量殿勝密明咒王，功德無量，讚歎無量。能息滅一切畏懼、罪業、毒害、詛咒、疾病、反抗等，成就六度及一切所欲的功德。僅僅念誦也能成辦一切事業，成就佛果。此咒也稱爲無垢光咒。它是諸多續中都出現過的殊勝密咒。如果諷誦十萬遍，則能現見一切如來，如果誦二十萬遍，則見一切佛刹等，宣說了愈來愈向上的殊勝功德與許多事業。

四十六

ཨོཾ་མ་ཎི་དྷ་རི་ཧཱུྃ་ཕཊ།

嗡瑪訥達熱吽啪達

這也是大寶圓滿尊者的心咒，功德如前。

四十七

ན་མ་སྟྲི་ཡ་དྷྲི་ཀཱ་ནཱཾ་ཏ་ཐཱ་ག་ཏཱ་ནཱཾ། ཨོཾ་ཨབྷྲ་ཝ་ར་ཏྟེ་གི་སྭཱ་ཧཱ།

那美追雅德嘎囊達塔嘎達囊　嗡耶達巴鬲波革索哈

這是普賢菩薩的密咒，《三誓言莊嚴續》中

云：「讀誦此咒獲得從普賢行中不退轉加持之功德。」

四十八

ཨོཾ་སྭ་སྟི་ཀ་མ་ལ་ཀྲི་བི་པུ་ལ་སཾ་བྷ་བ་དྷརྨ་དྷཱ་ཏུ་གོ་ཙ་རེ་སྭཱ་ཧཱ།

嗡索德嘎瑪拉傑波布拉桑巴瓦達瑪達德果匝熱 e 索哈

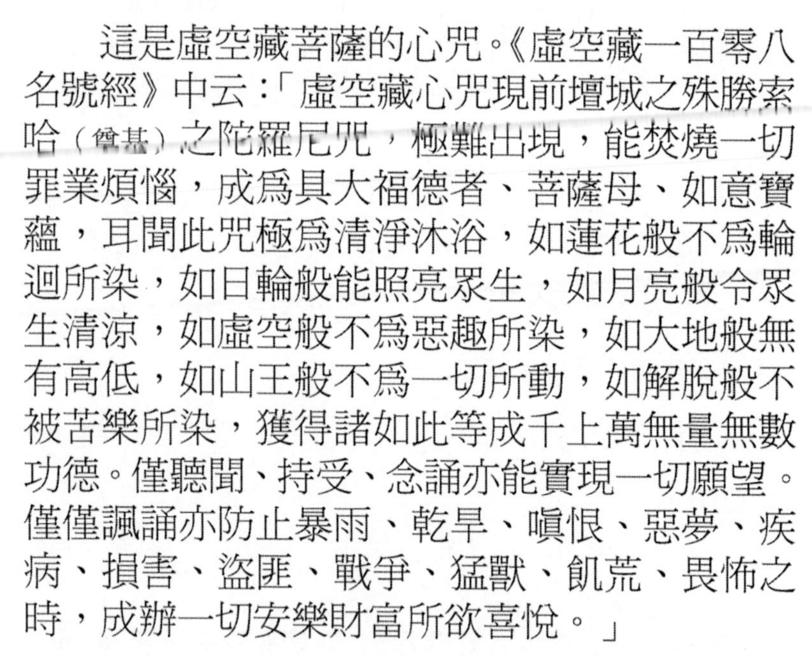

這是虛空藏菩薩的心咒。《虛空藏一百零八名號經》中云：「虛空藏心咒現前壇城之殊勝索哈（會基）之陀羅尼咒，極難出現，能焚燒一切罪業煩惱，成爲具大福德者、菩薩母、如意寶蘊，耳聞此咒極爲清淨沐浴，如蓮花般不爲輪迴所染，如日輪般能照亮眾生，如月亮般令眾生清涼，如虛空般不爲惡趣所染，如大地般無有高低，如山王般不爲一切所動，如解脫般不被苦樂所染，獲得諸如此等成千上萬無量無數功德。僅聽聞、持受、念誦亦能實現一切願望。僅僅諷誦亦防止暴雨、乾旱、嗔恨、惡夢、疾病、損害、盜匪、戰爭、猛獸、飢荒、畏怖之時，成辦一切安樂財富所欲喜悅。」

四十九

ཨོཾ་བཛྲ་ཙནྡྲ་སཏ་ཏུཥྚ་ཧ་ཀ་ཏ་ན་ད་ཏ་པ་ཙ་ཧཱུྃ་ཕཊ།

嗡班則贊札薩瓦地占達嘎哈那達哈巴匝吽啪達

這是金剛手菩薩的殊勝心咒，《金剛手一百零八名號經》中云：「此陀羅尼咒殊勝秘密，一切明咒之最勝，遣除一切魔障，化解一切憎恨，賜予勝妙、財富，令憎恨者生歡喜，若聽聞、念誦、恭敬承事，則具意義，生起威力、辯才，獲得美貌、珠寶、自在、權勢，摧毀憎恨，勝伏畏懼，擊敗對方，淨除一切毒害、煩惱、無間罪業等、惡夢、不吉祥、犯罪，賜予吉祥、善緣　佛果、歡喜、殊勝喜、清淨，令一切眾生喜悅、自在一切所欲，諸功德皆圓滿，消除暴雨、乾旱等時節災害。若出現大戰爭、人類疾病、大爭論、非人等畏懼，以及憎恨、詛咒、起屍之大災難，驅逐、毀命之大恐怖，則清晨起床後沐浴，尋覓白衣、面向東方，觀金剛持尊顏誦七遍，僅僅念誦亦脫離一切恐怖，得大成就，勝伏一切，救護眾生，無有比此大陀羅尼咒更殊勝者。」此外，《金剛手金剛大樂忿怒續》中云：「十八字之此咒王，未生是否會出現，誦此咒語現前成，恆時出現善妙相，他之行爲出現否，必定指示於自己。」這一咒語也被稱爲前譯派《八大法行》總集殊勝咒。

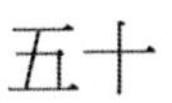

五十

ཨོཾ་སུཾ་བྷ་ནི་སུཾ་བྷ་ཧ་ར་ཙ་ར་མ་ཧཱ་པྲ་ཤ་མ་རྡྷ་ཧ་ཨ་མོ་གྷ་
བཛྲ་ས་ཏྭ་སྭཱ་ཧཱ།

嗡松巴囊松巴哈咼匝咼瑪哈巴夏瑪熱達阿姆嘎班則薩埵索哈

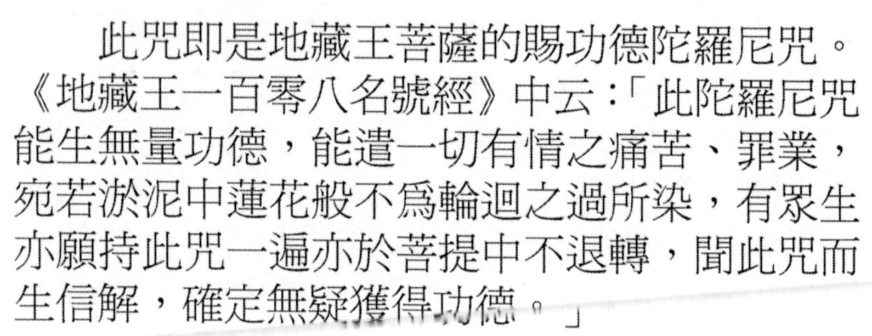

此咒即是地藏王菩薩的賜功德陀羅尼咒。《地藏王一百零八名號經》中云：「此陀羅尼咒能生無量功德，能遣一切有情之痛苦、罪業，宛若淤泥中蓮花般不爲輪迴之過所染，有眾生亦願持此咒一遍亦於菩提中不退轉，聞此咒而生信解，確定無疑獲得功德。」

五十一

ཨོཾ་མུ་ནི་མུ་ནི་སྨ་ར་སྭཱ་ཧཱ།

嗡莫訥莫訥瑪咼索哈

這是怙主彌勒菩薩的心咒，若想聞誦此咒者，則於彌勒菩薩成佛時得菩提授記。聽聞此咒者不轉惡趣，不生胎中，得菩提授記，於天界千劫中成轉輪王，具十善道，如願享用。

五十二

ཨོཾ་ཨ་ཛི་ཏཉྫ་ཡ་སརྦ་ས་ཏྭ་ས་མ་ཡ་མ་ནུ་ག་ཏ་སྭཱ་ཧཱ།

嗡阿則單匝雅薩瓦薩埵薩瑪雅瑪訥嘎達索哈

《金剛藏莊嚴續》中云：「彌勒之密咒自然而成，嗡阿則單、匝雅薩瓦薩埵薩瑪雅瑪訥嘎達索哈，密咒尊主此咒王，共同稱之謂慈氏，等同法界而周遍，慈氏之意極悅意，僅僅依靠修此咒，亦將住於兜率天。」又云：以離障天子身而於彌勒前聞法，獲得波羅蜜多自在、等持，成爲如彌勒尊者般的菩薩，最終成就佛果。

下面是《觀音根本續蓮花網》等續中所說的十方觀世音不同名號與身相十地的心咒。

五十三

ཨོཾ་ཨཱ་ཧྲཱིཿསིཾ་ཧ་ནཱ་ད་ཧཱུཾ་ཕཊ།

嗡阿舍桑哈那達吽啪達

這是東方獅子吼觀世音菩薩的心咒，也是阿彌陀佛等九十九俱胝佛陀所說的心咒，念誦一遍能清淨一切罪業，息滅病、匪、敵、刃的危害，尤其是龍害、心臟病，不轉生爲苦難者與女身，回憶宿世，恆常具足功德，後世往生極樂刹土。這是《獅子吼陀羅尼經》中所說的。續部中說依靠此咒能增長智慧。

五十四

ཨོཾ་པདྨ་ཏཱ་ར་ཏ་ཀི་ཧཱུྃ་ཕཊ།

嗡班瑪達咼達革吽啪達

這是南方如意寶轉輪觀世音菩薩的心咒，能去除眾生的慳吝，湧現布施來源的大寶藏。此咒的每一個字都有無量功德，這一點通過下文中的瑪姆俄刻可推知，由於分別在續中未宣說，因而在此不敢妄加說明。但大家也應當清楚此心咒有無量功德。

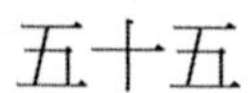

五十五

ཨོཾ་པདྨ་ནི་ར་ཏེ་ཤྭ་ར་ཧྲཱི་ཧཱུྃ་ཕཊ།

嗡班瑪訥咼得秀咼舍吽啪達

這是西方蓮花遊舞自在觀世音菩薩的心咒，依靠此咒能乾涸貪欲的泥灘，獲得戒律度，《觀自在續》中說，如果念誦一百零八遍此咒，可清淨罪業，誦五百遍能擺脫一切疾病……。宣說了直到一百萬遍之間念誦數目的功德。

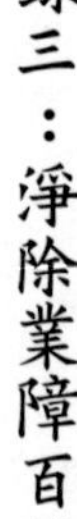

五十六

ཨོཾ་རཏྣ་ཨ་ཏྲ་ཨ་བྲ་ཏི་ཧ་ཏ་ཧཱུྃཿཕཊ།

嗡咼那阿札阿匝德哈達吽啪達

這是北方名爲大悲不懈觀世音菩薩的心

咒，依此可焚盡眾生懈怠的森林，令燃起異常精進之烈火。

五十七

ཨོཾ་ཧྲཱིཿཏྲཻ་ལོ་ཀྱ་བི་ཛ་ཡ་ཨ་མོ་གྷ་པཱ་ཤ་ཨ་པྲ་ཏི་ཧ་ཏ་ཧྲཱིཿཧ་ཧཱུྃ་ཕཊ་སྭཱ་ཧཱ།

嗡舍追洛嘉波匝雅阿姆嘎巴夏阿匝德哈達舍哈吽啪達索哈

這是東北方不空羂索觀世音菩薩的心咒，依靠此咒的威力能摧毀眾生的嗔恨大山，安忍如日輪般耀眼。功德無量，這一點應當從《不空羂索續》中得知，由於文字極多，在此無法書寫。

五十八

ཨོཾ་ཧ་ལ་ཧ་ལ་ཧྲཱིཿཔདྨ་གརྦྷ་ཧཱུྃ་ཕཊ་སྭཱ་ཧཱ།

嗡哈拉哈拉舍班瑪嘎爾巴吽啪達索哈

這是東南方哈拉哈拉觀世音菩薩的心咒，它能息滅眾生如毒蛇般的嫉妒，成就甘露海禪定。

五十九

ཨོཾ་པདྨ་ཨ་ལཾ་ཀཱ་ར་ཧཱུྃ་ཕཊ་སྭཱ་ཧཱ།

嗡班瑪阿朗嘎局吽啪達索哈

這是西南方蓮花莊嚴教觀世音菩薩的心咒，依靠此咒能摧毀愚昧高山，圓滿善巧方便。

六十

ཨོཾ་བཛྲ་དྷརྨ་དྷཱ་ཏུ་ཧཱུྃ་སྭཱ་ཧཱ།

嗡班則達爾瑪達德吽索哈

這是西北方至尊金剛法自在觀世音菩薩的心咒，依此能遣除折磨眾生的心與耽著，獲得大威力金剛。

六十一

ཨོཾ་ཛྲཱུཾ་ཧྲཱིཿཧ་ཧཱུྃ་སྭཱ་ཧཱ།

嗡哲母舍哈吽索哈

這是上方乘獅或至尊法髻觀世音菩薩的心咒，能遣除邪見的障蔽，獲得轉完全清淨的願波羅蜜多法輪。

六十二

ཨོཾ་མ་ཎི་པདྨེ་ཧཱུྃ།

嗡瑪訥巴美吽

這是下方至尊藍頸觀世音菩薩的明咒，能遣除一切所知障後獲得智度。這一咒語被稱爲觀世音菩薩的六字真言，僅僅諷誦就不被業惑所染，與七地菩薩具有同緣分，被譽爲見解脫、聞解脫，憶、觸悉皆解脫，它的殊勝廣大事業在《寶篋經》等經中有明確廣述。此咒廣的根本咒即是千手千眼觀世音的陀羅尼咒。

六十三

ཨོཾ་པདྨོ་ཥྞི་ཥ་བི་མ་ལེ་ཧཱུྃ་ཕཊ།

嗡班姆訥卡波瑪累吽啪達

這是《不空羂索經》中所說依靠一字至十字之間便可獲得十地功德無量的十地明咒。最後的一個字是不空羂索蓮花頂髻佛的心咒，只是持誦也能成就。如果諷誦十萬遍，則不退轉獲得十地，無疑會轉爲不空羂索蓮花頂髻轉輪佛的眷屬。人天世間稱爲佛。僅一次以清淨慈悲心緣眾生並憶念，也不墮入惡趣，具有廣大善根。誦兩遍盡除一切疾病，誦三遍息滅毒、天花、追後、臁瘡、痲瘋、皮癬等，念誦四遍能遣除一切寶毒、詛咒，只誦五遍就能平息一

切鬥爭、爭論，僅誦六遍便可消除一切畏懼、病魔、瘟疫，誦七遍能遣除橫死、一切眾生的疾病、一切傳染病。因此，每一日應當為利一切眾生而禁語憶念七遍。如果有將下墮地獄的眾生死亡或者對上師等不恭敬的破戒之人死亡，念誦七遍此咒加持沙子，撒在尸林或屍體焚燒處或者停屍處，則凡是接觸到骨灰者立即從惡趣處遷移轉生到善趣。如果將此咒寫在木條上裝在佛塔裡，那麼僅僅碰到佛塔影子，無論任何眾生均清淨一切罪障，趨入善趣。若對海螺誦七遍而吹，那麼凡聽到螺聲者也是同樣。如果耳聞念誦的聲音，也不退轉。此外，念此咒對旃檀吹氣，感覺到它的香氣者也會如此，對法衣吹氣，穿著者均會清淨一切罪障，趨入善趣。諷誦此咒可懷柔一切空行母、世間天神等，獲得丸藥、攝精術、隱行等共同成就以及眼通等無量功德。

六十四

ཨོཾ་ཨ་མོ་གྷ་ཙིནྟ་མ་ཎི་པ་ར་ད་པདྨེ་ཛྭ་ལ་ཛྭ་ལ་ན་བྷུ་རེ་ཧཱུྃ།

嗡阿姆嘎增達瑪訥巴**咼**達班美卓拉卓拉那波賊吽

這是《不空羂索經》中所說不空無垢蓮花羂索佛的根本咒，也是三世諸佛所加持的金剛

密咒，明咒之王，能賜予一切殊勝圓滿功德，極其罕見，僅是憶念也能生無量福德，是等同佛陀的明咒，未曾現見承侍過九十九萬俱胝那由他恆河沙數三世等性善逝、未曾聽聞趨入壇城手印誓言咒語之儀軌者手中不會得到這一明咒，甚至連名聲也聽不到。何者手中得到此咒，說明他曾承侍過以前的所有佛陀並得過一切壇城、手印、咒語與心咒。受持佛子的主要明咒者將得到一切善逝授記，獲得無量福德功德，證得圓滿佛果。此明咒王在未來時行持佛陀的事業，能救護一切有情，為眾生帶來光明，滿眾生願，遣除一切罪業、怨敵、魔障、疾病、狂風、乾旱等一切違緣，長壽無病、富富有餘，增上財糧等一切所需。讀誦此咒能得成就，依靠此咒能迎請一切壇城天尊，諷誦十萬遍者在夢中次第見到廣大蓮花壇城、諸佛、觀世音菩薩，還有如來、金剛、蓮花、珍寶部的一切壇城並趨入這些壇城受誓言，獲得咒語、手印、灌頂、悉地。死後往生到極樂世界，於百千劫之間能回憶前世，現前如來神變、神通、密咒等，生生世世中能回憶自己的善根，獲得完全清淨的事業悉地等無量功德。諷誦一百零八遍此咒者能盡除以前的所有罪業，此後七日所造的一切罪業也能滅盡，圓滿一切善根。僅僅持誦也能使自己的怯懦、煩亂消失。此外，還宣說了依靠此咒對病人作加持、向線上吹氣，則消除一切瘟疫等，具有息業、懷業、驅逐等極多的事業。

六十五

ཨོཾ་ཨ་མོ་གྷ་བཻ་རོ་ཙ་ན་མ་ཧཱ་མུ་དྲ་མ་ཎི་པདྨ་ཛྭ་ལ་པྲ་བརྟ་ཡ་

嗡阿姆嘎背若匝那瑪哈莫札瑪訥班美卓拉匝巴爾達雅吽

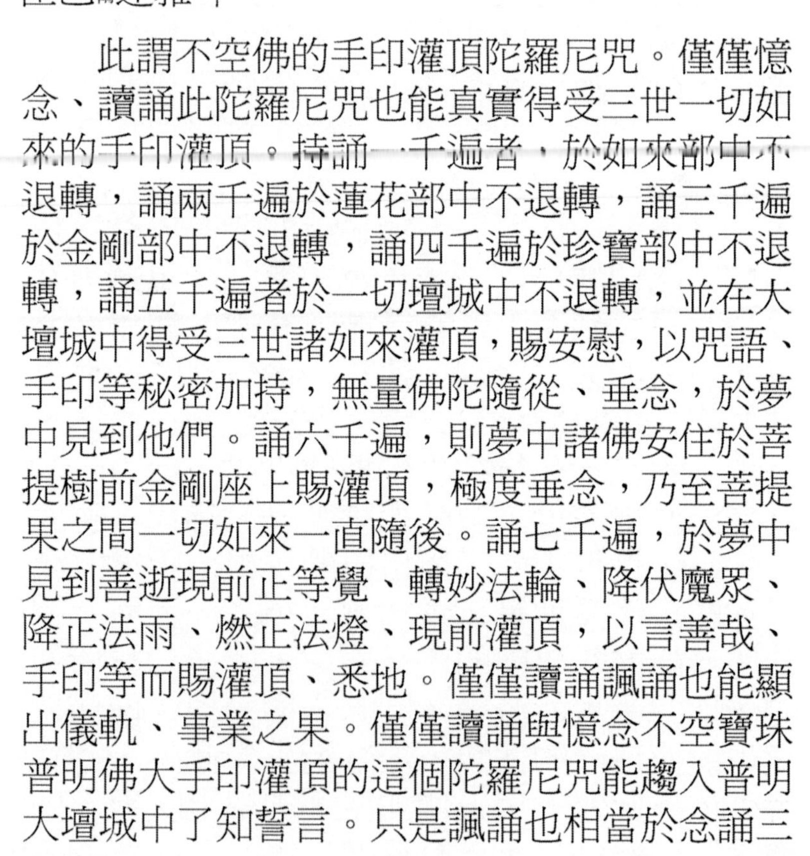

此謂不空佛的手印灌頂陀羅尼咒。僅僅憶念、讀誦此陀羅尼咒也能真實得受三世一切如來的手印灌頂。持誦一千遍者，於如來部中不退轉，誦兩千遍於蓮花部中不退轉，誦三千遍於金剛部中不退轉，誦四千遍於珍寶部中不退轉，誦五千遍者於一切壇城中不退轉，並在大壇城中得受三世諸如來灌頂，賜安慰，以咒語、手印等秘密加持，無量佛陀隨從、垂念，於夢中見到他們。誦六千遍，則夢中諸佛安住於菩提樹前金剛座上賜灌頂，極度垂念，乃至菩提果之間一切如來一直隨後。誦七千遍，於夢中見到善逝現前正等覺、轉妙法輪、降伏魔眾、降正法雨、燃正法燈、現前灌頂，以言善哉、手印等而賜灌頂、悉地。僅僅讀誦諷誦也能顯出儀軌、事業之果。僅僅讀誦與憶念不空寶珠普明佛大手印灌頂的這個陀羅尼咒能趨入普明大壇城中了知誓言。只是諷誦也相當於念誦三

世諸佛的名號，現見諸佛。五無間罪等以往有的一切業障僅依靠讀誦、諷誦一遍這一咒語便能徹底滅盡。造惡業的眾生、造五無間罪者在趨入無間地獄之前，如果能高聲念誦三遍此咒，則脫離他的一切罪業。罪業深重的亡者屍體或骨灰所在處尸林，如果對白芥子誦二十一遍此咒語拋撒在那裡，那麼亡靈立即會從惡趣中解脫，清淨所有罪業，往生極樂世界。在患有嚴重疾病者的耳邊誦一百零八遍，結果患者會擺脫久病狀態，如前一樣往生極樂剎土。在他的頭頂結手印而誦二十一遍，則立即病癒。如果對五彩線念二十一遍繫帶，那麼會脫離一切魔障與遺忘。此咒加持的白線持帶也能擺脫一切疾病。如果諷誦一百零八遍，那麼將在辯論中得勝。此外，還有去除魔障、瘟疫，起死回生，消除嗔恨等作用。

六十六

ཨོཾ་ཨ་མོ་གྷ་མཎྜལ་པདྨ་ཨ་བྷི་ཥི་ཀཾ་མ་ཎི་བཛྲེ་སརྦ་ཏ་ཐཱ་ག་ཏ་ཨ་བྷི་ཥི་ཀ་ཧཱུཾ།

嗡阿姆嘎曼札拉班瑪阿波克剛瑪訥班賊薩瓦達塔嘎達阿波克給吽

《不空羂索經》中云：此咒稱爲不空大壇城蓮花灌頂寶珠陀羅尼咒，依此可趨入一切佛陀壇城共同部。誦一千遍或一百零八遍將得受一切不變善逝大蓮花壇城灌頂，也獲得如意寶蓮花之灌頂。之後念誦在夢中現見三世諸佛，顯示廣大壇城幻化無量殿與一切本尊。四部壇城、普明佛、覺性王以及佛陀，直至轉法輪之間一一見到。並夢見於各自壇城中受灌頂，以歡欣喜悅之情獲得等持，一切佛陀賜予善哉，並再度顯示上上神變。對念珠或頭飾或冠冕或飄帶，誦一千一百零八遍，繫在佛像的頭上，普明佛的如意寶頂飾也是光芒萬丈並以飄帶灌頂供養三世諸佛菩薩，做大灌頂承侍。僅僅誦此心咒也能盡除持咒者的所有嚴重罪障，三門完全得以清淨，解脫一切煩惱障礙，獲得廣大福德等。又能得到廣大善根與大悉地，一切均不阻礙，獲得供養、恭敬，語言具有威力。身體散發出旃檀的芳香，口中發出青蓮花的香氣，一切眾生十分慈愛，成爲應供處。一切都變成殊勝的大悉地，令一切魔障、妖魔鬼怪均遠遠逃走，乃至有生之年不能加害。恆時見到聖者觀世音菩薩與覺性王隨行，賜予殊勝不空成就，變成壇城主尊而灌頂。

六十七

ཨོཾ་ཨ་མོ་གྷ་པུ་ཛ་མ་ཎི་པདྨེ་བཛྲེ་ཏ་ཐཱ་ག་ཏ་བི་ལོ་ཀི་ཏེ་ས་མནྟ་

ཛྲ་ས་ར་ཧཱུྃ།

嗡阿姆嘎波匝瑪訥班美班賊達塔嘎達波洛各得薩曼達匝薩**咼**吽

《不空羂索經》中云：所謂不空寶珠供雲咒，僅僅讀誦、諷誦，也以廣大無量殿供雲大雨、福德大幻化、種種鮮花，各種天物、妙衣、裝飾、資具、香、燈、神饈、樂器、讚頌等所有世間殊勝之供雲降下的一切供品之雨，來供養十方諸佛刹的所有壇城中的一切持明者、聲聞緣覺。出現無上廣大神奇的供雲。能顯示如魔術般之加持的這一陀羅尼咒，是所有持明咒者殊勝悉地的大寶藏，能滿一切父母眾生的心願，賜予安慰，令得解脫，能滅盡一切疾病、痛苦、罪障煩惱，給所有持咒者帶來吉祥，令他們心滿意足，能勸請諸佛，一切菩薩賜安慰，迎請所有明咒天尊，勾招一切，遣除所有妖魔鬼神。能賜予一切眾生殊勝悉地，作爲無依處者的依處，成爲未受齋戒、梵行者的齋戒與梵行等。賜予殘疾者根，賜予失毀六度者波羅蜜多的功德。遣除一切死亡、飢荒、險途等畏懼衰敗，對於不精通咒語、手印、明咒者給予咒語等。能使無間罪與破誓言者得以清淨。解除一切飢渴、裸體、患病、惡痣者等的罪過。使背離三寶者真實趨入，賜未成功者成功，安慰一切怖畏者，解脫一切衰敗，作爲墮入黑暗處

者的明燈，息滅一切煩惱心，救脫無有自由等一切過患，圓滿根肢等自己的一切功德，受到本尊、菩薩的攝持等功德廣大。此咒的事業：對消除暴雨、戰爭等畏懼，行於空中、眼通等事業進行了廣說。何者僅僅諷誦此咒也能獲得諸多等持之門與陀羅尼等如海功德。僅僅念誦也令觀世音菩薩歡喜現身摸頂。此陀羅尼咒是觀世音自性清淨身攝受的總持咒，不空成佛自性的心咒，也是如幻等持陀羅尼的幻化。見到此咒者相當於現見了十一面觀世音菩薩的身相、各自形象、幻化雲、自在天、馬頭明王、無愛子與三世間尊主，廣蓮花壇城。一切善逝的供雲幻化這一心咒是大金剛藏，只是念誦也能成爲三世佛陀的心子，得授記，面見一切菩薩與本尊得安慰。所求的一切悉地稱心如意勾招，因此堪爲不空羂索觀世音，能令世間界的一切眾生歡喜自在，增上壽命、吉祥、福德、財產、糧食等一切所需。圓滿六度，死亡時現量見到九萬二千俱胝那由他佛陀，得到「善男子善來極樂刹」的安慰，並於彼刹蓮花中化生，於一切善逝前獲得不退轉無上菩提授記。此陀羅尼咒只在上午誦一遍就能使如七山王般的五無間罪與墮入無間地獄之間的所有罪積於每一汗毛孔中，於千劫中所積累的一切罪業無餘盡除，從轉生十六地獄中解脫出來。受齋戒者念誦能於佛刹中獲得大普賢果位。觀世音菩薩與三世諸佛、廣蓮花等聖尊以及覺性王等一切隨

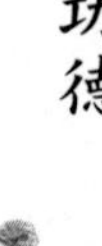

行賜予悉地。只諷誦百千遍，就能使舌變得如金剛般穩固，與金剛藏等同，具有如蓮花瓣一樣的色彩，身體清淨如金剛般誰也無法侵害，青春年少、諸根具足，無有臭氣，極爲芬芳，殊勝悅意，聲音動聽，諸眾青睞，成爲供養處，死後於阿彌陀佛前成爲具足清淨身及一切功德的佛子，得大菩提授記。僅僅誦此咒的福德以比喻來說，整個三千大千世界遍滿七寶，鋪滿金銀花，每一日三時中以此供養遍布三千大千世界的如來，也比不上僅誦此咒福德的十六分之一。念誦此咒相當於以世間出世間的無邊供雲遍及一切佛剎，永遠不會窮盡，具有如此大的善根。如果能看見此咒語寫在書中的文字或者刻在牆壁上，依此也能使無間罪等趨入無間地獄的所有業力清淨無遺，於極樂世界化生，永不胎生。乃至究竟菩提果之間無論生於任何佛剎，均於彼處蓮花中化生，並回憶宿世。繕寫此陀羅尼咒的功德：八萬四千由旬寬的大海水滴與須彌山王的微塵能夠計算，而繕寫此咒與此儀軌等的功德卻不可勝數。

六十八

ཏདྱ་ཐཱ། ཨོཾ་མུ་ནེ་མུ་ནེ་མ་ཧཱ་མུ་ན་ཡེ་སྭཱ་ཧཱ།

達雅塔　嗡牟尼牟尼瑪哈牟尼耶索哈

這是本師出有壞釋迦牟尼佛的心咒，《小般若經》中說：「諸佛皆從此陀羅尼咒中生，釋迦佛亦依此陀羅尼咒之威力而成佛，觀世音依此現前菩薩聖果，僅僅聽聞此陀羅尼咒也將無勤獲得廣大福德並清淨一切業障。若修密咒，則無有魔障而成就。」其餘經典中也說念誦一遍此陀羅尼咒可清淨八萬俱胝劫中所造的一切罪業。

六十九

ན་མོ་བྷ་ག་ཝ་ཏེ་སརྦ་དུརྒ་ཏི་པ་རི་ཤོ་དྷ་ནི་རཱ་ཛཱ་ཡ། ཏ་ཐཱ་ག་ཏཱ་ཡ། ཨརྷ་ཏེ་སམྱག་སཾ་བུད་དྷཱ་ཡ། ཏདྱ་ཐཱ། ཨོཾ་ཤོ་དྷ་ནེ་ཤོ་དྷ་ནེ། སརྦ་པཱ་པཾ་བི་ཤོ་དྷ་ནེ། ཤུད་དྷེ་བི་ཤུདྡྷེ། སརྦ་ཀརྨ་ཨཱ་ཝ་ར་ཎ་བི་ཤུད་དྷེ་སྭཱ་ཧཱ།

那莫巴嘎瓦得薩瓦德爾嘎德巴熱秀達訥咼匝雅　達塔嘎達雅　阿爾哈得薩m雅g桑布d達雅　達雅塔　嗡秀達內秀達內　薩瓦巴幫波秀達內　謝d德波謝d得　薩瓦嘎瑪阿巴咼那波謝d得索哈

這是毗盧遮那佛淨除一切惡趣威光王陀羅尼咒。《淨惡趣威光王續》中說：僅僅憶念此陀羅尼咒，即便是福德淺薄的所有眾生也能輕而

易舉解脫一切惡趣之因，如果聽聞或受持或念誦此咒的名稱或繕寫帶在身上，即生中甚至夢中也不會出現八橫死、與之相關的惡夢、與惡趣相聯的所有相兆，那麼趨入此咒的壇城而念誦此咒就更不言而喻了。持誦此咒的這些人不會接近任何罪業，也不會墮入惡趣。無論是放在任何眾生的死屍中灌頂，他們都會脫離惡趣，轉生天界，並且不退轉，享受世間與出世間的一切利樂。毗盧遮那佛的名號與這一陀羅尼咒，除了具備十善、性情調柔、希求不退轉諸多功德並依止遍知智能的眾生以外，其他眾生不得耳聞，凡是聽聞此咒者都將成爲成佛之法器。念誦密咒怙主善逝名號而作禮就相當於是根本明咒。「嗡秀達內」以下是真正的心咒，如前念誦也可以。這是如來部淨除業障的殊勝明咒。此外，持此咒者將於一百四十萬劫中能回憶宿世、清淨一切業障後得不退轉果，直至菩提果之間福德不會窮盡。

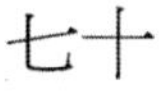

七十

ན་མོ་རཏྣ་ཏྲ་ཡཱ་ཡ། ཨོཾ་ཀཾ་ཀ་ནི་ཀཾ་ཀ་ནི། རོ་ཙ་ནི་རོ་ཙ་ནི། ཏྲོ་ཊ་ནི་ཏྲོ་ཊ་ནི། ཏྲཱ་ས་ནི་ཏྲཱ་ས་ནི། པྲ་ཏི་ཧ་ན་པྲ་ཏི་ཧ་ན། སརྦ་ཀརྨ་པ་རཾ་པ་རྞི་མེ་སརྦ་ས་ཏྭ་ནཉྩ་སྭཱ་ཧཱ།

那莫昂那札雅雅 嗡剛嘎訥剛嘎訥 若匝訥若匝訥 卓札訥卓札訥 札薩訥札薩訥 札德哈那札德哈那 薩瓦嘎瑪巴讓m巴昂訥美薩瓦薩埵難匝索哈

這就是所謂的淨除一切業障的陀羅尼咒，金剛部不動佛的明咒。經續中也有宣說。此外，陀羅尼咒自己的功德：如果誦一遍，則能使所有惡兆、惡夢都不復存在。若恆常持誦，那麼接連不斷出現的所有業障都將清淨。三時念誦五無間罪也能清淨。如果繕寫此咒帶在身上，則永遠不會出現非時橫死。無論是飛禽走獸非天任何眾生耳邊念誦，它都不會墮入惡趣。眾生死後，念誦他的名字而以慈悲心持誦一百遍或一千遍或十萬遍，那麼即便是已轉生到地獄的眾生也能立即解脫。無論是對著土、芝麻、芥子或水任何一物念誦撒到死者的屍體上或做沐浴後焚燒，或裝在佛塔中，或者繕寫此咒戴在死者頭上，哪怕他已經墮入了惡趣，也必定在七日解脫，轉生到善趣或者如願投生。在三十日做沐浴換上乾淨的衣服，不進餐或者食素，邊轉繞具有舍利的佛塔邊念誦死者的名字，如果誦十萬遍此咒，則能使已轉生到惡趣的亡靈解脫，往生到淨居天界後來到修行者面前現身供養、轉繞，賜予善哉後消失。或者，寫死者的名字，誦陀羅尼咒做十萬泥塔小像，

以傘幢幡等供養而拋入大海或江河裡，則能使亡者從地獄等處解脫出來。或者，這樣作供養，最後在十字路口造大佛塔，以傘等供養，也爲僧眾供齋，再以供品精心供養，口中說「願此成爲某某的善根，願他轉生善趣」，如此一來，他也會轉生在那裡，之後現身等如前一樣。即使是造五無間罪、捨法罪、誹謗聖者的眾生，在臨終時如果見到牆上寫著的這一陀羅尼咒，也能清淨他的一切業障，那麼真正念誦就更不必說了。持誦此咒者如來降臨說「善男子到我身邊來」。在此咒的「美」字後面加「薩瓦薩埵」，意思是說要加上一切眾生的名稱。應當明白，如果爲了某一眾生，也要在那裡加上他的名字。

七十一

ན་མོ་རཏྣ་ཏྲ་ཡཱ་ཡ། ན་མོ་བྷ་ག་ཝ་ཏེ། ཨ་མི་ཏཱ་བྷཱ་ཡ། ཏ་ཐཱ་ག་ཏཱ་ཡ། ཨརྷ་ཏེ་སམྱཀྶཾ་བུདྡྷཱ་ཡ། ཏདྱ་ཐཱ། ཨོཾ་ཨ་མི་ཏེ། ཨ་མི་ཏཱ། ཨ་མི་ཏོད་བྷ་ཝེ། ཨ་མི་ཏ་སཾ་བྷ་ཝེ། ཨ་མི་ཏ་བི་ཀྲཱནྟེ། ཨ་མི་ཏ་བི་ཀྲཱནྟ་ག་མི་ནེ། ག་ག་ན་ཀཱིརྟི་ཀ་རེ་སརྦ་ཀརྨ་ཀླེ་ཤ་ཀྵ་ཡཾ་ཀ་རི་སྭཱ་ཧཱ།

那莫咼那札雅雅　那莫巴嘎瓦得　阿莫達巴雅　達塔嘎達雅　阿爾哈得桑m雅g桑波d達雅　達雅塔　嗡阿莫得　阿莫達　阿莫鬥巴喂　俄莫達桑

巴喂 阿莫達波占得 阿莫達波占達嘎莫訥 嘎嘎那各德嘎熱薩瓦嘎瑪累夏嘉恙嘎熱索哈

此咒功德不可估量，它是殊勝蓮花部無量光佛的陀羅尼咒，應當憶念阿彌陀佛而念誦。持誦「嗡」以下也可以。加上「那莫局那」等密咒怙主而諷誦就更爲殊勝了。誦一遍此咒也能清淨十萬劫中所積累的業障。如果能夠做到每一日三時中念誦，那麼一切罪業清淨無餘，獲得千佛所生的善根。若誦二十一遍，則清淨四根本罪。誦十萬遍，現見聖者彌勒菩薩，誦二十萬遍見觀世音菩薩，如果持誦三十萬遍，則能現見阿彌陀佛。其他的無量功德也已略說。

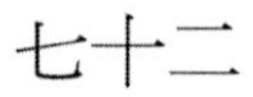

七十二

ༀ་རཏྣེ་རཏྣེ། མ་ཧཱ་རཏྣེ། རཏྣ་སཾ་བྷ་བེ། རཏྣ་ཀི་རཎེ། རཏྣ་མཱ་ལཱ། བི་ཤུད་དྷེ་ཤོ་དྷ་ཡ་སརྦ་པཱ་པཾ་ཧཱུྃ་ཏྲཾ།

嗡**局**達內**局**達內 瑪哈**局**達內 **局**那桑巴喂 **局**那革**局**達內 **局**那瑪拉 波謝d得秀達雅薩瓦巴幫吽匝札

這也是能無餘摧毀一切障礙的陀羅尼咒，依靠此咒能摧毀一切魔境，是珍寶部的心咒，雖然未見有單獨宣說摧毀業障的功德，但應當知道與上述的咒語無有差別。

七十三

ཨོཾ་ཨ་མོ་གྷ་ཨ་པྲ་ཏི་ཧ་ཏ། སརྦ་ཨཱ་བ་ར་ཎ། བི་ཤོ་དྷ་ནི། ཧ་ར་ཧ་ར་ཧཱུྃ་ཕཊ།

嗡阿莫嘎阿札德哈達　薩瓦阿巴咼那　波秀達訥　哈咼哈咼吽啪達

這是事業部不空成就佛的心咒，與前面一切如來的明咒功德相同。以上五陀羅尼在《淨惡趣續》中有宣說，前三咒語也單獨在咒部中出現過。

七十四

ཨོཾ་བཛྲ་དྷཱ་ཏྭཱི་ཤྭ་རི་སྭཱ་ཧཱ།

嗡班則達德秀熱索哈

這是金剛法界自在母的心咒，能清淨一切罪業，賜予殊勝悉地。

七十五

ཨོཾ་ལོ་ཙ་ནི་བ་སྭ་དེ་སྭཱ་ཧཱ།

嗡洛匝訥瓦色得索哈

這是佛眼佛母的心咒，能消除罪業，增上壽命、財產等。

七十六

ཨོཾ་པཱ་ཎ་ཌ་རི་པཱ་སི་ནི་བ་ར་དེ་སྭཱ་ཧཱ།

嗡巴那札熱瓦色訥瓦咼得索哈

這是白衣佛母的心咒，誦一遍此咒能焚燒罪業，只是諷誦也具有圓滿一切的緣分。這是《世間自在續》中所說的。也具有懷柔等殊勝事業。

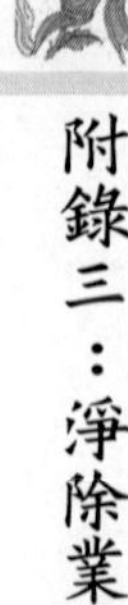

七十七

ཨོཾ་མཱ་མ་ཀཱི་ཀི་རི་ཀི་རི་སྭཱ་ཧཱ།

嗡瑪瑪格格熱格熱索哈

這是瑪瑪格佛母的心咒，能摧毀一切罪業，防止魔障，賜予能力。

七十八

ཨོཾ་ཏཱ་རེ་ཏུཏྟཱ་རེ་ཏུ་རེ་སྭཱ་ཧཱ།

嗡達熱 e 德達熱 e 德熱 e 索哈

這是度母的十字心咒，能救脫一切罪業、衰敗，勾招三世間作爲奴僕，成辦各種事業。在各種續中宣說的五部佛母的這些陀羅尼咒是一切明咒王的心咒，持誦功德無量，能獲得一切悉地。

七十九

ཏདྱ་ ཐཱ། ཨོཾ་ཧྲཱིཿཤྲཱུ་ ཏི་ སྨྲི་ ཏི་ བི་ ཛ་ ཡེ་ སྭཱ་ ཧཱ། པྲཛྙཱ་ པཱ་ ར་ མི་
ཏཱ་ཡེ་སརྦ་དུརྒ་ཏི་ཤོ་དྷ་ཡ་རཱ་ཛྙཱ་ཡ་སྭཱ་ཧཱ།

達雅塔　嗡舍謝日德美德波匝耶索哈　札嘉巴局莫達耶薩瓦德爾嘎德秀達雅局匝雅索哈

這是智慧波羅蜜多佛母的密咒，許多續中說「嗡舍」等是般若佛母的密咒。在後面加「札嘉」等淨除惡趣的咒語就成了受持八千般若的陀羅尼咒，依靠此咒能遣除各種惡兆，淨除業障與一切惡趣。此外，也是增上正念與智慧的殊勝密咒。

八十

ཨོཾ་མ་ཧེ་བཛྲ་ཧྲི་ད་ཡ་བཛྲ་སཱ་ར་སིདྡྷི་བི་དྲ་པ་ཧེ་ཏ་ན་ཏ་ན་
བཛྲ་གརྦྷེ། ཏྲཱ་ས་ཡ་ཏྲཱ་ས་ཡ། སརྦ་མཱ་ར་བྷཉྫ་བ་ནཱ་ཡེ་ཧཱུཾ་ཧཱུཾ། སཾ་ཧཱ་ར་སཾ་

ཧཱ་ར་བུདྡྷ་མི་ཏྲི་སཧ་ཏ་སྭཱ་ག་ཏ། བཛྲ་ཀཱ་ཡ་ཨ་དྷིཥྛི་ཏེ་སྭཱ་ཧཱ།

嗡瑪訥班則舍達雅班則瑪咼淅內波札巴訥哈那哈那班則嘎貝 札薩雅札薩雅 薩瓦瑪咼波巴那訥吽吽 桑達咼桑達咼波d達美哲薩瓦達塔嘎達 班則嘎巴阿地徹得索哈

《珠寶圓滿無量殿詳細密儀軌》中說：「此咒是金剛大寶圓滿無量殿極住秘密的陀羅尼咒，本師釋迦佛成佛時，此陀羅尼咒轉變爲三千金剛自性而使所有兵器雨變成鮮花，摧毀魔眾。佛陀也親言：縱然百般苦行，但如果未獲得此陀羅尼咒也無法成就菩提、擊敗魔眾等。依靠此咒能成就佛身，僅持誦此陀羅尼咒的名稱也等於持誦了所有如來名號。只是念誦這一咒語也相當於供養、恭敬承侍、頂禮一切佛陀。聽聞、受持、讀誦這一陀羅尼咒等以及見到牆壁上寫著，也能消除五無間罪、轉生無間地獄、捨正法、謗聖者、從事屠宰等下劣行業者、聾盲跛駝背等往昔的業障者、被魔左右者、被惡見引誘者、著魔者的過患，而令他們從無上菩提中不退轉。旁生見聞此咒也會如此。末法濁世，不孝敬父母、誹謗聖者與正法等造各種不善業者如果聞誦繕寫此陀羅尼咒，那麼不僅僅是他，凡是見聞他以及碰到彼影子之所有眾生也將無餘清淨罪業而於即生中獲得成百上千功德，依靠此陀羅尼咒能遠離一切罪障、具足一切善根、消滅一切魔眾，令一切世間眾生歡喜，不受毒、刃等一切損害。不受一切世間痛苦，身體年輕端嚴，聲音悅耳動聽，不患一切疾病，不會有聾盲跛等殘廢現象，死時辯才不盡，心不煩亂，現見諸佛賜安慰。受持此咒者詛咒等不能加害，夢中見到佛菩薩。此乃一切善逝之心咒，也是波羅蜜多、神變等諸法之密。」

八十一

ཨོཾ་བི་པུ་ལ་གརྦྷེ། མ་ཎི་པྲ་བྷེ། ཏ་ཐཱ་ག་ཏ་ནི་དརྴ་ནེ། མ་ཎི་མ་ཎི་སུ་པྲ་བྷེ། བི་མ་ལེ། སཱ་ག་ར་གམྦྷཱི་རེ་ཧཱུྃ་ཧཱུྃ། ཛྭ་ལ་ཛྭ་ལ། བུདྡྷ་བི་ལོ་ཀི་ཏེ། གུ་ཧྱ་ཨ་དྷིཥྛི་ཏ་གརྦྷེ་སྭཱ་ཧཱ།

嗡波波拉嘎貝　瑪訥札貝　達塔嘎達訥得夏訥　瑪訥瑪訥色札貝　波瑪累　薩嘎⿰阝⿱日冋嘎m波熱吽吽　卓拉卓拉　波d達波洛革得　革嘿阿地徹得嘎貝索哈

彼儀軌中又云：寶珠圓滿無量殿極住秘密殊勝的這一陀羅尼咒，能遣除罪業、痛苦，令成佛果，此咒的功德於百千劫中也無法言盡，諷誦此咒能得不退轉果，使魔等一切外敵無機可乘，增上無量善根，僅僅憶念一次也能獲得無量功德。觀世音菩薩的其他續中也出現過這一陀羅尼咒。共稱爲是摧毀一切罪障的陀羅尼咒。

八十二

ཨོཾ་པདྨོ་དྷ་ར་ཨ་མོ་གྷ་ཛ་ཡ་ཏེ་ཧུ་རུ་ཧུ་རུ་སྭཱ་ཧཱ།

嗡班莫達扃阿莫嘎匝雅得則熱則熱索哈

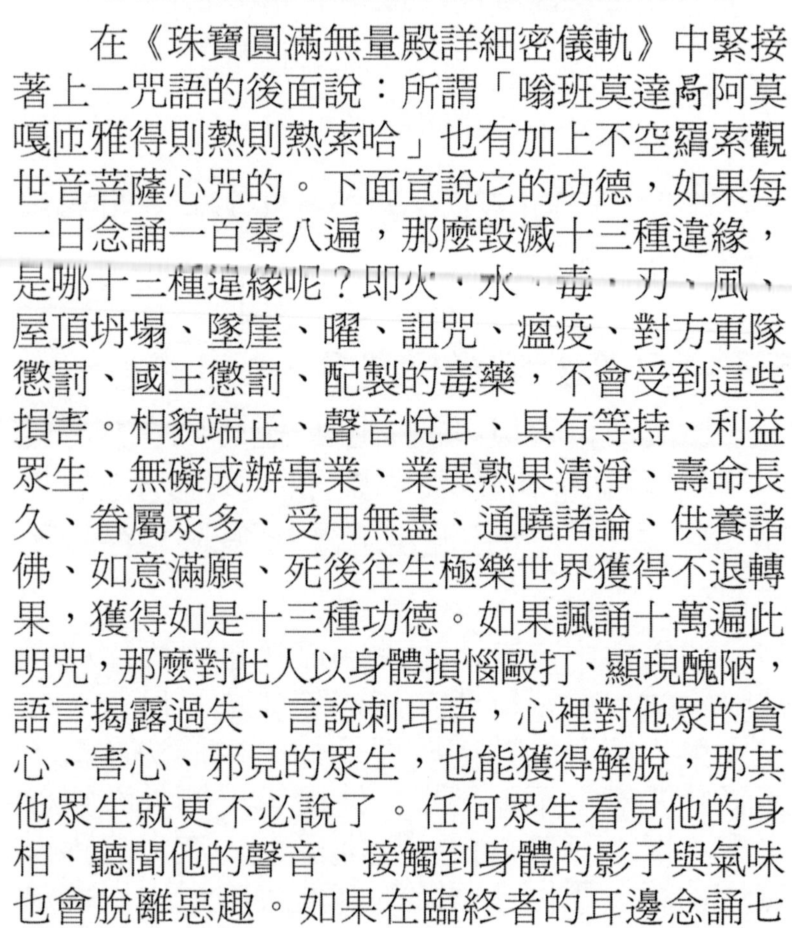

在《珠寶圓滿無量殿詳細密儀軌》中緊接著上一咒語的後面說：所謂「嗡班莫達扃阿莫嘎匝雅得則熱則熱索哈」也有加上不空羂索觀世音菩薩心咒的。下面宣說它的功德，如果每一日念誦一百零八遍，那麼毀滅十三種違緣，是哪十三種違緣呢？即火、水、毒、刃、風、屋頂坍塌、墜崖、曜、詛咒、瘟疫、對方軍隊懲罰、國王懲罰、配製的毒藥，不會受到這些損害。相貌端正、聲音悅耳、具有等持、利益眾生、無礙成辦事業、業異熟果清淨、壽命長久、眷屬眾多、受用無盡、通曉諸論、供養諸佛、如意滿願、死後往生極樂世界獲得不退轉果，獲得如是十三種功德。如果諷誦十萬遍此明咒，那麼對此人以身體損惱毆打、顯現醜陋，語言揭露過失、言說刺耳語，心裡對他眾的貪心、害心、邪見的眾生，也能獲得解脫，那其他眾生就更不必說了。任何眾生看見他的身相、聽聞他的聲音、接觸到身體的影子與氣味也會脫離惡趣。如果在臨終者的耳邊念誦七

遍，或對著死者的骨骸念誦二十一遍，那麼對方能從惡趣中解脫。對於享用十方僧眾的黑財者，千佛也未開許懺悔，但依靠念誦一百零八遍此陀羅尼咒，也能得以清淨。因此，縱然三千世界遍布火坑，也應當越過而尋覓此法，不為罪業所染清淨的這一密咒的功德即便在數劫中言說，也無法說盡。

八十三

ཨོཾ་བྷྲཱུྃ་སྭཱ་ཧཱ། ཨོཾ་ཨ་མྲི་ཏ་ཨཱ་ཡུར་དེ་སྭཱ་ཧཱ།

嗡哲 m 索哈　嗡阿草□達阿葉□達得索哈

這是頂髻尊勝佛母的心咒與近咒，能解脫一切惡趣，增勝壽命、福德，功德無量。

八十四

ཨོཾ་ན་མ་སྟྲཻ་ཡ་དྷྭི་ཀཱ་ནཱཾ་སརྦ་ཏ་ཐཱ་ག་ཏ་ཧྲི་ད་ཡ། ག་རྦྷེ་ཛྭ་ལ་ཛྭ་ལ་དྷརྨ་དྷཱ་ཏུ་ག་རྦྷེ་སཾ་བྷ་ར་མ་མ་ཨཱ་ཡུཿསཾ་ཤོ་དྷ་ཡ་སཾ་ཤོ་དྷ་ཡ། མ་མ་སརྦ་པཱ་པཾ། སརྦ་ཏ་ཐཱ་ག་ཏ་ས་མནྟོ་ཥྞཱི་ཥ་བི་མ་ལེ་བི་ཤུདྡྷེ་ཧཱུྃ་ཧཱུྃ་ཧཱུྃ། ཨོཾ་བཾ་སཾ་ཛཿསྭཱ་ཧཱ།

嗡那瑪賊雅德嘎囊薩瓦達塔嘎達舍達雅嘎貝卓拉卓拉達瑪達德嘎貝桑巴爲瑪瑪阿葉桑秀

達雅桑秀達雅 瑪瑪薩瓦巴幫 薩瓦達塔嘎達薩曼門訥卡波瑪累波謝d得吽吽吽 昂旺桑匝索哈

這是頂髻無垢佛的心咒，僅僅見聞也能清淨一切業障，僅僅憶念此咒壽命已盡也可恢復，能產生無量福德，如意實現心願。此後不會感受死亡的痛苦，不會入胎，能回憶宿世等功德無量。

八十五

ཨོཾ་སརྦ་ཏ་ཐཱ་ག་ཏོ་ཧྲི་ཀ་དྷཱ་ཏུ་མུ་དྲཱ་ཎི་སརྦ་ཏ་ཐཱ་ག་ཏ་དྷཱ་ཏུ་བི་བྷཱུ་ཥི་ཏ་ཨ་དྷིཥྛི་ཏེ་ཧུ་རུ་ཧུ་རུ་ཧཱུྃ་ཧཱུྃ་སྭཱ་ཧཱ།

嗡薩瓦達塔嘎多訥卡達德莫札訥薩瓦達塔嘎達達瑪達德波波克達阿地徹得呵熱呵熱吽吽索哈

這是秘密舍利陀羅尼咒，依靠此咒能現前如來智慧身，滅盡三有之業與痛苦，獲得一切有寂功德，利益無量。

八十六

ཨོཾ་སརྦ་ཏ་ཐཱ་ག་ཏ་བྷྭ་བ་ལོ་ཀི་ཏེ་ཛ་ཡ་ཛ་ཡ་སྭཱ་ཧཱ། ཨོཾ་ཧུ་རུ་ཧུ་རུ་ཛ་ཡ་མུ་ཁེ་སྭཱ་ཧཱ། ཨོཾ་བཛྲ་ཨཱ་ཡུ་ཥེ་སྭཱ་ཧཱ།

嗡薩瓦達塔嘎達貝巴洛各得匝雅匝雅索哈

嗡呵熱呵熱匝雅匝雅莫克索哈　嗡班則阿葉克索哈

這是菩提果十萬莊嚴的心咒與近咒，能增長壽命、成辦一切所欲之事，瞬間清淨所有業障，產生無量無邊福德，獲得佛陀如金剛般的法身，這一咒王能成辦一切事業。頂髻尊勝等這所有咒廣的功德在各自陀羅尼中有宣說，當從中了知。

八十七

ཨོཾ་ན་མཿ་ས་མནྟ་བུདྡྷ་ནཱཾ་སརྦ་བུདྡྷ་བོ་དྷི་ས་ཏྭ་ཧྲི་ད་ཡཾ་ནི་ཝེ་ཤ་ནི་ན་མཿསརྦ་བིད྄་སྭཱ་ཧཱ།

嗡那瑪薩曼達波 d 達囊薩瓦波 d 達布德薩埵舍達恙訥貝夏訥那瑪薩瓦布 d 雅索哈

這是《普明現前菩提續》中所說的一切佛菩薩的殊勝總持咒，應當了知它有隨從無量佛菩薩的無量功德。

八十八

ན་མཿསརྦ་ཏ་ཐཱ་ག་ཏ་ཧྲི་ད་ཡ་ཨ་ནུ་ག་ཏེ། ཨོཾ་ཀུ་རུཾ་གི་ནི་སྭཱ་

ཧཱ།

那瑪薩瓦達塔嘎達舍達雅阿訥嘎得 嗡革讓革訥索哈

其他經中說：「誦一遍此如來總持咒『那瑪、薩瓦達塔嘎達舍達雅阿訥嘎得、嗡革讓革訥索哈』亦能滅盡八百萬劫中所積累的業障。」

八十九

ཨོཾ་ཨཱ་ལི་ཀཱ་ལི་ཛྙཱ་ན་པཉྩས་ཏཱ་ཀྲོ་ཏ་མུ་ན་ཡེ་སྭཱ་ཧཱ།

嗡阿樂嘎樂嘉那班匝薩埵卓達莫那耶索哈

前譯派《八大法行集一切善逝續》中云：「前後加嗡哈，中住十六字，集聖百部咒，能成辦一切。獲三門悉地，十方三世佛，得諸佛悉地。」它是圓滿寂猛本尊的殊勝心咒，「阿樂嘎樂」爲普賢佛父佛母的密咒，「嘉那班匝」爲五部佛父佛母的密咒，「薩埵」爲勇士勇母的密咒，「卓達」爲一切忿怒尊忿怒母的密咒，「莫那」爲化身六能仁的密咒，這都是極爲殊勝的明咒。

九十

ཨོཾ་ཨཱཿཧཱུྃ་བཛྲ་མ་ཧཱ་གུ་རུ་སརྦ་སིདྡྷི་ཧཱུྃ།

嗡阿吽班則瑪哈革熱薩瓦色德吽

這是八大法行內修持明上師的殊勝心咒，三世所有上師持明的心咒均包括在唯一此咒中，加持根本諸上師的這一密咒僅僅念誦也獲得無量功德。

九十一

ཨོཾ་བོ་དྷི་ཙིཏྟ་མ་ཧཱ་སུ་ཁ་ཛྙཱ་ན་དྷཱ་ཏུ་ཨཱཿ

嗡布德則達瑪哈色啨嘉那達德阿

這是《八大法行集寂猛善逝續》中所說的寂靜如來金剛界大壇城的總心咒，無論是任何寂靜本尊的心咒都可以說是這一咒語，因此應當恭敬念誦功德加持殊勝的這一心咒。

九十二

ཨོཾ་རུ་ལུ་རུ་ལུ་ཧཱུྃ་བྷྱོ་ཧཱུྃ།

嗡熱樂熱樂吽玖吽

這是一切善逝真實意金剛黑日嘎的極密殊勝究竟心咒，也被稱爲忿怒總持咒，堪爲一切密咒瑜伽母續甚深究竟勝樂金剛，我等大師釋迦佛也於此刹土未包括的二十四聖境示現的化身沒有隱沒而住世，在其他刹土中以佛陀相面向贍部洲而宣說勝樂續。在此刹土依靠他的咒語而成就。這是大家共稱的。《勝樂續》也稱爲

《黑日嘎噶波續》，其中云：「身佛陀雙運，語輪勝樂續，意真實成說。」諸佛雙運稱爲空行勝樂，護輪稱爲勝樂輪金剛，真實成就共稱爲幻化勝樂。一般來說，依靠此咒能迅速成就勝樂本尊的所有密咒，只是念誦也能成就，這所有的續部中最甚深的就是此真實幻化勝樂續，因而稱爲甚深真實部。印藏諸位持明者眾所周知，如《大普賢王自住續》中云：「三千大千世界中，身之壇城雖無量，然黑日嘎身最勝。」又云：「三千大千世界中，意之幻化雖無量，然智勇士意最勝。」浩瀚無邊的壇城所有修法中最甚深的叫做金剛意修法。這一咒語也是以前污濁的大熱札號叫聲加持爲人吉祥智慧咒，成爲善逝殊勝表示的深義，是僅僅念誦也受到一切智慧天尊加持、不由自主集聚諸空行母的殊勝密咒。續中云：「此熱樂爲大希奇，此熱樂能生證悟，此熱樂能斷障礙，此熱樂能得悉地，增上意樂八字寶，一切如來之意寶，本來智慧精華故，加持八字現手印。」《大普賢自住續》中云：「三千大千世界中，語之壇城雖無量，然八文字語最勝，即是具緣我之語。」智慧幻變的這一心咒現爲一切天尊與壇城的根本，如果了知此咒爲法性而諷誦，則如烈火燃草般速疾焚燒一切破誓與罪障，迅速成就浩瀚事業與智慧悉地，由於首先必須得受灌頂具足誓言，因而絕對要極爲秘密地修持。

九十三

ཨ་ཧ་རི་ནི་ས་ཧཱུྃ།

阿哈熱訥薩吽

這是事業主尊諸空行母的命咒，「哈熱訥薩」這四個文字是集四部一切空行母的心咒，無論任何空行母的事業，按觀想方法念誦此咒都能成就。誦前後加上「阿」、「吽」的這六個文字，能使智能、事業、世間的十萬廣大空行命得自在，因而是能摧毀一切罪業、成就一切悉地極深的密咒。

九十四

ཨོཾ་ཨཱཿབཛྲ་ཧྲཱི་ཀ་ཧཱ་ཧཱུྃཿ

嗡阿札嘉哲 g 哈吽

這是能清淨破誓言的殊勝甚深誓言金剛誦。

九十五

ཨོཾ་ཨཱཿཧཱུྃ་ཧྲཱིཿ ཨོཾ་མ་ཎི་པདྨེ་ཧཱུྃཿ ཨོཾ་བཻ་རོ་ཙ་ན་ཧཱུྃ་ཨ་ཀྵོ་བྷྱ།

རཏྣ་སམྦྷ་ཝཿཨ་མི་དྷེ་ཝཿ ཨ་མོ་གྷ་སིདྡྷི་ཧཱུྃ། ཨོཾ་པདྨ་ཏཀྲྀ་མ་ཧཱ་ཨ་
མོ་གྷ་པཱ་ཤ་སཱ་དྷ་ཡ་ས་མ་ཡ་ཧྲི་ད་ཡཱཾ་ཙ་ར་ཙ་ར་ཧཱུྃ། ན་མོ་བྷ་ག་ཝ་ཏེ་
ཨཱརྱ་ཨ་ཝ་ལོ་ཀི་ཏེ་ཤྭ་རཱ་ཡཿ བོ་དྷི་ས་ཏྭཱ་ཡ་མ་ཧཱ་ས་ཏྭཱ་ཡ་མ་ཧཱ་ཀཱ་རུ་
ཎི་ཀཱ་ཡཿ སིདྡྷི་མནྟྲ་ཡ་ཡ་ཎི་སྭཱ་ཧཱ།

嗡阿吽舍 嗡瑪訥巴美吽 嗡貝若匝那吽阿覺貝 **啊**那桑巴瓦 阿莫得瓦 阿莫嘎斯德吽 嗡班瑪嘿達瑪哈阿莫嘎巴夏薩達雅薩瑪雅舍達恙匝**啊**匝**啊**吽 那莫巴嘎瓦得阿雅阿瓦洛革得秀**啊**雅 布德薩埵雅瑪哈薩埵雅瑪哈嘎熱訥嘎雅斯德曼札雅雅訥索哈

阿達釀與日稱等伏藏大師的伏藏品中再三出現過這一咒語，是蓮花生大師在聖者觀世音菩薩前請求的，是不觀待聞思修行等勤作而阻斷惡趣之門、前往佛刹的方便，被稱爲聞解脫、受解脫。「以聲美妙動聽歌，具發心之瑜伽士，若令眾聞誦此咒，聞聲一切諸有情，縱是地獄類罪業，若聽一遍此聲音，則獲佛果何須說，必定無疑得解脫。如若平時常諷誦，舍利金剛舍利現，故瑜伽士當珍愛。益西措嘉女子我，表示文字作伏藏，願具宿緣者值遇。」於諸化身伏藏大師的伏藏品中迎請。

ན་མ་སྟྲི་ཡ་ཏྲི་ཀཱ་ནཱཾ་སརྦ་ཏ་ཐཱ་ག་ཏེ་བྷྱཿ ཨརྷ་ཏེ་བྷྱཿ སམྱཀྶཾ་བུད་དྷེ་བྷྱཿ ཏདྱ་ཐཱ། ཨོཾ་ཀུ་མཱ་ར་རཱུ་པི་དྷཱ་ར་ཎི། བི་ཤྭ་སཾ་བྷ་བ། ཨཱ་གཙྪ་ཨ་གཙྪ། ལ་ཧུ་ལ་ཧུ། ཛྲུཾ་ཛྲུཾ། ཧུཾ་ཧུཾ། ཛི་ན་ཛིག། མཉྫུ་ཤྲཱི་ཡེ། སུ་ཤྲཱི་ཡེ། ཏཱ་ར་ཡ་མཾ། སརྦ་དུ་ཁེ་བྷྱཿཕཊ་ཕཊ། ཤ་མ་ཡ་ཤ་མ་ཡ་། ཨ་མྲི་ཏོདྦྷ་བ། ཨུད་བྷ་བེ། སརྦ་པཱ་པཾ་མེ་ནཱ་ཤ་ཡ་སྭཱ་ཧཱ།

那瑪賊雅德嘎囊薩瓦達塔嘎得貝 阿爾哈得貝 桑m雅g桑波d得貝 達雅塔 嗡革瑪阿熱波達咼訥 布秀桑巴瓦 阿嘎匝阿嘎匝 拉呵拉呵 哲m哲m 吽吽 則那則g 曼則西日耶 色西日耶 達咼雅瑪 m 薩瓦德克貝啪達啪達夏瑪雅夏瑪雅 阿莫爾多d巴瓦 俄達巴喂 薩瓦巴幫美那夏雅索哈

《文殊根本續中》說：「欲入一切行爲，通曉一切菩提道、趨入法界、安住於聖者文殊身者，臨終時當憶誦殊勝秘密明咒王爲何？即此咒。依文殊此殊勝心咒能滅息一切違緣，滅盡一切罪業，擺脫一切痛苦，長壽無病，成富足、殊勝善緣、語自在，能讚歎一切明咒王。誦此咒時出現大地震動、六道有情獲得安樂之驗相。作意此咒若無捨法之心，則魔王波旬亦無機可乘，令一切邪魔逃之夭夭。如是功德不可思議，佛、法不可思議故，唯有佛陀徹知，當思此而發心。」如今《文殊根本續》的藏文版

咒語中，文字多達百字的這一咒語「嗡」以下稱爲滅盡一切罪業之陀羅尼咒，這一咒語在《不動佛續》中也出現過，因此是參照此續而善加抉擇撰寫。

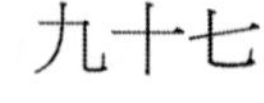

九十七

ན་མ་སྟྲི་ཡ་དྷྭི་ཀཱ་ནཾ་ཏ་ཐཱ་ག་ཏཱ་ནཾ་སརྦ་ཏྲཱ་པྲ་ཏི་ཧ་ཏཱ་བཱ་ཏྲི། དྷརྨ་ཏཱ་བཱ་ལི་ནཱཾ། ཨོཾ་ཨ། ས་མ་ས་མ་ས་མནྟ་ཏོ། ཨ་ནནྟ་བཱ་ཏྲི་ཤཱ་ས་ནེ་ཧ་ར་ཧ་ར་སྨྲ་ར་སྨྲ་ར་ཎི་བི་ག་ཏ་རཱ་ག་བུད་དྷ་དྷརྨ་ཏེ། ས་ར་ས་ར་ས་མ་བ་ལ་ཧ་ས་ཧ་ས། ཏྲ་ཡ་ཏྲ་ཡ། ག་ག་ན་མ་ཧཱ་བ་ར་ཎ་ལཀྵ་ཎེ་ཛྭ་ལ་ཛྭ་ལ་ན་སུ་ག་རེ་སྭཱ་ཧཱ།

那瑪賊雅德嘎囊達塔嘎達囊薩瓦札匝德哈達巴德　達瑪達瓦樂囊　昂阿薩瑪薩瑪薩瑪曼達多　阿南達巴德夏薩訥哈**啊**哈**啊**瑪**啊**瑪**啊**訥波嘎達**啊**嘎波d達達瑪得　薩**啊**薩**啊**薩瑪巴拉哈薩哈薩　札雅札雅　嘎嘎那瑪哈瓦**啊**那拉 g 夏訥卓拉卓拉那薩嘎**啊**索哈

《三誓言莊嚴續》中云：「善逝之心咒成無礙具義而成就。依靠善逝的這一心咒能享受一切如來的加持以及具有善巧方便的菩薩的特殊心咒，此咒所成辦的事業：即便在百劫中也享

用不完如來的教法，然而，如果隨念佛陀而念誦一切佛菩薩加持力與成就各種力量的這一心咒，那麼就能見到有佛陀出世的種種世間界。傳出語輪聲，降下珍寶雨，並且那一正士能依靠無量法門隨從一切眾生而真實成就相合所化眾生根基、相應隨念一切事業真實儀軌的陀羅尼咒，以及隨應一切眾生，相應一切有情的界性、根基、信解的各種形象。隨入特別緣一切善逝的解脫之門等種種解脫門。在一切有情界中，爲所有餓鬼降下飲食雨，爲地獄有情帶來涼觸與暖觸，解除一切旁生互相啖食的痛苦等，淨除各種信解的眾生之界；能賜予加持，能令他們相續成熟，令他們歡喜、令他們解脫，將他們安置在菩提乘中，能宣講地、波羅蜜多的竅訣，漸次令他們獲得菩提，能滅盡一切痛苦、煩惱、能成辦善法。總而言之，根據自己的發願、福德與智力，依靠佛陀的加持力而在一切有情界中成辦如來的事業。」依靠儀軌與咒能成就持明等極多事業法。此心咒能使不捨信心與菩提心，因此，無論具不具有福德，具不具足戒律，具不具有善巧方便，具不具備畫像、供養、沐浴等清潔，甚至未斷魚肉等葷食者如果持誦，都必定成就，只是依靠緣佛菩薩的心就可成就。對於想依靠畫像修行，關於它的儀軌等續部也有詳細說明。依靠這一咒語供養佛菩薩、緣眾生界而修行不會出現魔障，並且輕而易舉成就，無病長壽，消除煩惱，滅除惡趣的痛苦，增上安樂等。無論觀想所想的任何事而念誦，都能如是實現，根據上、中、下的次第而成就。

九十八

ན་མཿསརྦ་བུདྡྷ་བོ་དྷི་ས་ཏྭ་ནཱཾ་བ་ར་བ་ར། སཏྲཾ་སཏྲཾ། ས་མ་ས་མ། ཀཱུ་རུ་ཊྷཱཾ་ཀཱུ་རུ་ཊྷཱཾ། ཏཱ་རཱ་ཏཱ་རཱ། སྭཱ་རཱ་སྭཱ་རཱ། ཨ་ཏཱི་ཨ་ཏཱི། ཨ་མྲི་ཏཱུཾ་ཨ་མྲི་ཏཱུཾ། ཨ་ཏཱི་ཨ་ཏཱི། པཱི་རཱིཾ་པཱི་རཱིཾ། ཨཱ་ཏཱི་ཨཱ་ཏཱི། ཤུ་རཾ་ཤུ་རཾ། ཀ་ཀ་ཀ་ཀ། མ་ཀཱ་ས་མཱ་ཡ། ན་མཿཀཱ། ཨ་མ་ལ་སིདྡྷི་དཱ་ཡ་གོ་བྷྲཱུཿསརྦ་བུདྡྷ་བོ་དྷི་ས་ཏྭ་བྷྲཱུཿ སརྦ་ཨ་ནནྟ་མ། ཧྲེ་བྷྲཱུཿམཏཱ་ཀཱུ་རུ་ཊྷཱིཾ། སྭཱ་ལཱི་ནཱི། ཏྲེ་ས་མ་ཡེ་ཛཱ་ལ་སྭཱ་ཧཱ།

那瑪薩瓦波d達波德薩埵囊巴鬲巴鬲　薩旺薩旺　薩瑪薩瑪　嘎熱囊嘎熱囊　達鬲達鬲　薩鬲薩鬲　阿德阿德　阿莫當阿莫當　阿德阿德　波讓波讓　阿德阿德　謝讓謝讓　哈哈哈哈　瑪哈薩瑪雅　那瑪札　阿瑪拉斯德達雅給貝　薩瓦波d達布德薩埵貝　薩瓦阿南達瑪　達也貝瑪哈嘎熱訥　瑪樂訥　哲薩瑪耶卓拉索哈

如是《三誓言莊嚴王續》在宣說善逝百字

心咒後又講了菩薩的這一百字心咒，能使諸佛菩薩的事業無有障礙，究竟趨至最初的法界，是一切善逝一同宣說的。「此三不可思，諸佛之解脫，勝淨諸有情，作用不可思，諸勇士於此，均依此威力，加持再加持，一切諸事業。此大密主尊，稱無量大悲，諸行境即此，故無與此同。智者以信欲，以此調眾生，真實當成辦。」

九十九

ཨོཾ་བཛྲ་ས་ཏྭ་ས་མ་ཡ་མ་ནུ་པཱ་ལ་ཡ། བཛྲ་ས་ཏྭ་ཏེ་ནོ་པ། ཏིཥྛ་དྲི་ཌྷོ་མེ་བྷ་ཝ། སུ་ཏོ་ཥྱོ་མེ་བྷ་ཝ། ཨ་ནུ་རཀྟོ་མེ་བྷ་ཝ། སུ་པོ་ཥྱོ་མེ་བྷ་ཝ། སརྦ་སིདྡྷི་མྨེ་པྲ་ཡ་ཙྪ། སརྦ་ཀརྨ་སུ་ཙ་མེ། ཙིཏྟཾ་ཤྲེ་ཡཿཀུ་རུ་ཧཱུྃ། ཧ་ཧ་ཧ་ཧ་ཧོ། བྷ་ག་ཝཱན། སརྦ་ཏ་ཐཱ་ག་ཏ། བཛྲ་མཱ་མེ་མུཉྩ། བཛྲཱི་བྷ་ཝ་མ་ཧཱ་ས་མ་ཡ་ས་ཏྭ་ཨཱ།

嗡班則薩埵薩瑪雅　瑪訥巴拉雅　班則薩埵底耨巴德叉哲晝美巴瓦　色多卡約美巴瓦　阿訥**鬲**多美巴瓦　色波卡約美巴瓦　薩瓦斯德瑪美匝雅札薩瓦嘎瑪色匝美　則當西日雅革熱吽　哈哈哈哈火　巴嘎萬　薩瓦達塔嘎達　班則瑪美莫札班則巴瓦瑪哈薩瑪雅薩埵阿

前譯大法部《無垢王懺悔續》中金剛薩埵

親言：「我亦持誦一切善逝之意精華，能遣除一切失戒與分別妄念障礙之此咒，具有失戒瑜伽與分別妄念障礙積蓄惡習之汝等諦聽：若一時間能念誦此等咒語一百零八遍，則能酬補一切所失之戒，擺脫墮三惡趣。若具任何瑜伽本尊而誦，則彼人即生中蒙受三世諸佛聖子垂念、護佑，死後亦無疑成爲諸善逝之聖子。」《勝馬遊舞續》中云：「無上密咒王，僅一次念誦，亦滅一切罪，成辦諸事業。」《殊勝灌頂王續》中亦云：「金剛薩埵說此語，清淨無間罪異熟，恢復密宗之誓言，一般不善何須說？何者爲病所折磨，亦定脫離彼痛苦，傳染瘟疫出現時，自己明觀爲本尊，誦此心咒不受害。何者受惡咒刃擊，持誦此咒反回己。求義啓程誦此咒，必定脫離畏懼聲。魔障畏障損害時，誦此明咒彼魔逃，任何有情雖求子，依此明咒傳宗代，遭受煩惱貧困者，念誦此咒得珍寶，何者攝眷若誦此，三有亦集爲眷屬。四種事業定成就。自己持誦能清淨，冒犯晦氣百字明，依此酬補諸失戒，根除惡趣誦此咒。若於時機成熟時，明觀見修誦此咒，三七十四二十一，抑或一百零八遍，則能酬補諸失戒，從三惡趣得解脫。觀想本尊誦此咒，成爲三世佛之子。」在此略續中也宣說了此密咒：「依此咒即便是造無間罪、欺騙一切如來、詆毀正法及造所有罪業者，依靠一切如來的手印金剛薩埵，現世中能迅速成就一切所求的悉地，或者殊勝悉地、金剛悉地，

或金剛薩埵悉地，或善逝之悉地。」這是出有壞如來金剛薩埵親口說的。金剛薩埵的這一百字明在許多續中都出現過，是破密乘誓言等所有重罪的無上對治法，僅僅念誦，以前的一切罪業也會清淨無餘，以後增上的相續能永遠滅除，堪稱爲一切悉地大主尊、一切密咒之王。也有將「色波卡約」等加在「阿訥爲多」前面的，無論如何都無有差別。

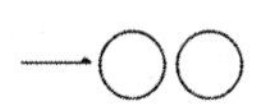

ཨོཾ་ཨ་ཨཱ་ཨི་ཨཱི་ཨུ་ཨཱུ་རི་རཱི་ལི་ལཱི་ཨེ་ཨཻ་ཨོ་ཨཽ་ཨཾ་ཨཿསྭཱ་ཧཱ།

嗡阿阿俄俄嗚嗚熱熱樂樂誒誒沃沃昂阿索哈

此十六元音字母是受持智能分的咒語，僅僅念誦也能消除罪業、成就密咒等，功德廣大。大圓滿諸續部中稱之爲能解脫於無生法身中的心咒。《金剛帷幕續》中云：「除開初終加嗡、索哈，念誦昂之間十五元音，依此咒勸請之諸佛子手中真實安住女幻大樂。」此等均說明它是一切瑜伽母與本尊的殊勝密咒。

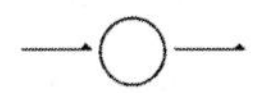

ཨོཾ་ཀ་ཁ་ག་གྷ་ང་། ཙ་ཚ་ཛ་ཛྷ་ཉ། ཊ་ཋ་ཌ་ཌྷ་ཎ། ཏ་ཐ་ད་དྷ

ཎ། པ་ཕ་བ་བྷ་མ། ཡ་ར་ལ་ཝ། ཤ་ཥ་ས་ཧ་ཀྵ་སྭཱ་ཧཱ།

嗡嘎呩噶噶昂　匝擦匝匝釀　札叉札札那　達塔達達那　巴帕瓦巴瑪　雅[[INLINE_0]]拉瓦　夏卡薩哈嘉索哈

這些輔音咒是能受持方便分、解脫於無滅化身中、本來自成的殊勝密咒，僅僅持誦便能滅盡罪業、獲得悉地。如是這些元音與輔音是一切咒語的根本，許多般若經與密續中都說每一文字都是無量陀羅尼之門、現法之門的來源，一切本尊的種子，成就一切事業之咒。《繫解脫》中稱之爲無滅化身文字。所有咒語無不由此而生。因此，如果持誦這些一切明咒的根本，則使不清淨的咒語得以清淨，增勝咒語的威力，蒙受諸佛加持。《瑜伽母普行續》中也云：「說此阿嘉五十字，此乃出有壞三尊，極殊勝性而安住，一切本尊之種子，亦是一切密咒因。何者恆時修習此，恆常持誦與思維，依瑜伽而初念誦，即與黑日嘎無二。」

一〇二

ཨོཾ་ཡེ་དྷརྨཱ་ཧེ་ཏུ་པྲ་བྷ་ཝཱ། ཧེ་ཏཱུན྄་ཏེ་ཥཱན྄་ཏ་ཐཱ་ག་ཏོ་ཧྱ་ཝ་དཏ྄། ཏེ་ཥཱཉྩ་ཡོ་ནི་རོ་དྷ་ཨེ་ཝཾ་ཝཱ་དཱི་མ་ཧཱ་ཤྲ་མ་ཎཿཡེ་སྭཱ་ཧཱ།། །།

嗡耶達瑪黑德札巴瓦　黑敦得堪達塔嘎多

哈雅瓦達 d 得堪匝友訥若達誒旺巴德瑪哈夏日
瑪那耶索哈

此緣起咒是一切善逝的法身，誰見緣起即見善逝。哪怕是將它放在柚柑子大的小佛塔當中，今生中也能生起梵天福德。持誦一遍此咒能清淨一切罪業，平息、遣除一切違緣，如果觀想任何事物而誦，相當於造佛像或佛塔。若觀想任何供品而誦，則等於供養遍滿世間界的供品。如果恆時念誦，則圓滿一切心願，任何損害也不能侵害，完整受持一切正法。如果誦十萬遍，那麼將如願實現一切所求之事。在它的各種事業儀軌中也有宣說。大圓滿繫解脫咒中說這也是能獲得化身安住相續解脫的心咒。總之，一切如來的手印，猶如諸法的生命一般，功德不可思議。

上述一百明咒密咒如意寶王，於大壇城獲得灌頂並守誓言、對本尊密咒有殊勝信心不生懷疑，特別緣眾生界的大悲之人而發殊勝菩提心，按照各咒的本尊修法而念誦；或者雖然未能如此，但觀想普賢如來或金剛薩埵，或者自己的任何一位本尊作爲主尊的所有佛菩薩在前方的虛空中安住，身體放射智慧光芒，降下甘露妙雨，清淨自己與遍布虛空的一切眾生的所有罪障煩惱習氣，一邊這樣觀想一邊念誦這些心咒；或者依照《三誓言莊嚴續》中所說的善巧方便信解心的儀軌而念誦也可以；有時觀想所有佛刹出現廣大供雲而供養勸請，於一切眾生界中以佛菩薩的幻化雲而遣除所有衰敗，以猛烈

的欲樂緣暫時究竟的利樂再次勸請的方式而持誦也可以。

此一百咒部每一咒，下等者持誦一百遍、中等者一千遍、上等者一萬遍、最上等者十萬遍，那麼成就密咒特別大的魔障、無始的障礙在即生中都能清淨，無疑會享受現見世間出世間悉地喜宴的妙法。爲什麼呢？因爲如來的言教何時也不會欺惑的，（如來）已宣說了上面所有明咒的功德。如果對所宣講的這些語言無有模棱兩可的心態，那麼依此必定能成就密咒，因而堅定不移誠信極爲重要。

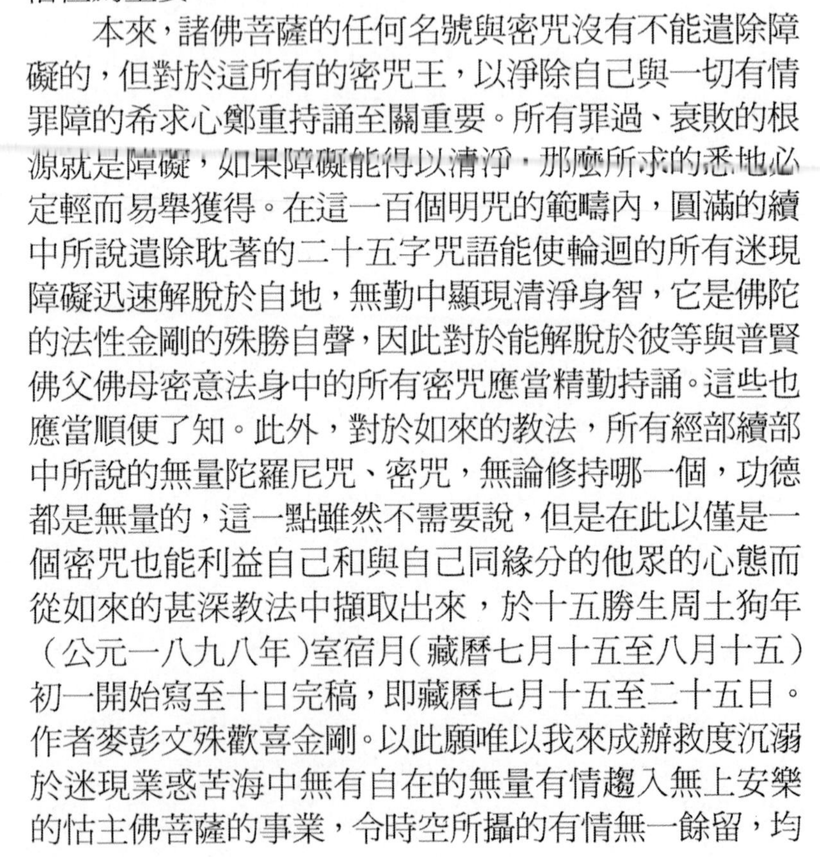

本來，諸佛菩薩的任何名號與密咒沒有不能遣除障礙的，但對於這所有的密咒王，以淨除自己與一切有情罪障的希求心鄭重持誦至關重要。所有罪過、衰敗的根源就是障礙，如果障礙能得以清淨，那麼所求的悉地必定輕而易舉獲得。在這一百個明咒的範疇內，圓滿的續中所說遣除耽著的二十五字咒語能使輪迴的所有迷現障礙迅速解脫於自地，無勤中顯現清淨身智，它是佛陀的法性金剛的殊勝自聲，因此對於能解脫於彼等與普賢佛父佛母密意法身中的所有密咒應當精勤持誦。這些也應當順便了知。此外，對於如來的教法，所有經部續部中所說的無量陀羅尼咒、密咒，無論修持哪一個，功德都是無量的，這一點雖然不需要說，但是在此以僅是一個密咒也能利益自己和與自己同緣分的他眾的心態而從如來的甚深教法中擷取出來，於十五勝生周土狗年（公元一八九八年）室宿月（藏曆七月十五至八月十五）初一開始寫至十日完稿，即藏曆七月十五至二十五日。作者麥彭文殊歡喜金剛。以此願唯以我來成辦救度沉溺於迷現業惑苦海中無有自在的無量有情趨入無上安樂的怙主佛菩薩的事業，令時空所攝的有情無一餘留，均

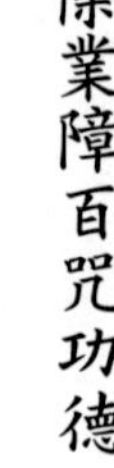

獲得大樂吉祥普賢王果位。在尚未現前如是果位之前，願暫時如文殊與普賢菩薩的事蹟一樣以無量幻變隨時隨地遣除一切眾生的所有痛苦，給他們帶來所有利樂。薩德斯德芒嘎朗！

公元二〇〇三年八月五日
譯於色達喇榮五明佛學院

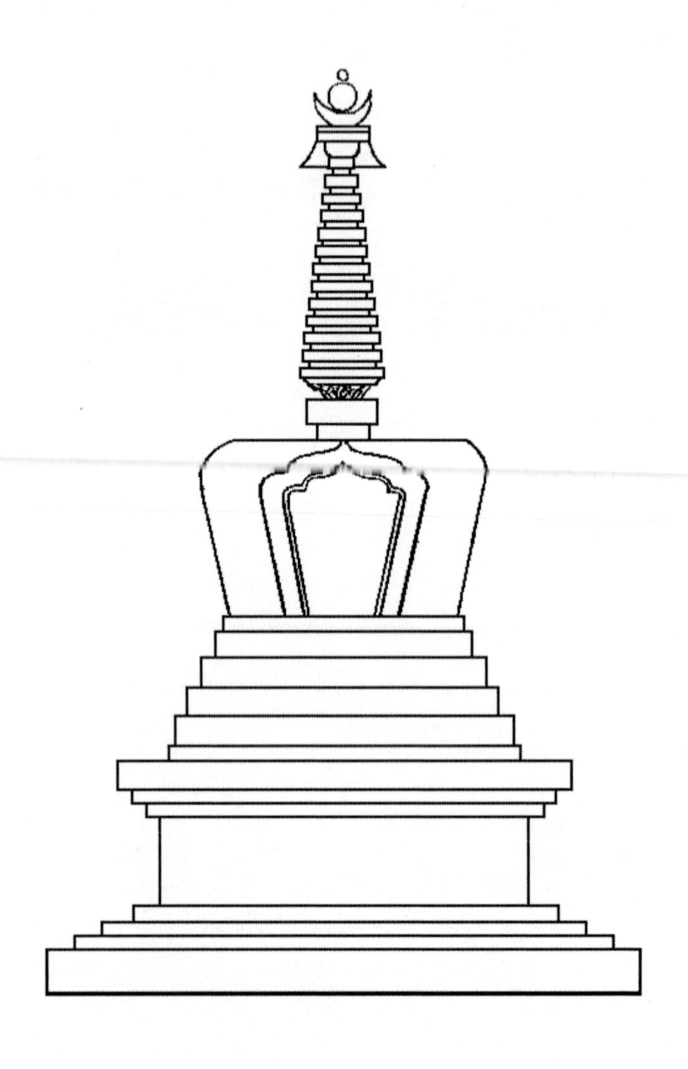